Change

從0到1
勇敢追夢

Change 8
我的未來，自己寫
——17 歲資奧金牌少年，衝撞體制 500 天

作者／何達睿

編輯／林怡君　協力／王慧雲　設計／林育鋒
攝影／何經泰　校對／黃素芬

出版者——英屬蓋曼群島商網路與書股份有限公司台灣分公司

發　行——大塊文化出版股份有限公司
台北市 10550 南京東路四段 25 號 11 樓
www.locuspublishing.com
TEL: (02)8712-3898　FAX: (02)8712-3897
讀者服務專線：0800-006689
郵撥帳號：18955675　戶名：大塊文化出版股份有限公司
法律顧問：董安丹律師、顧慕堯律師

總經銷——大和書報圖書股份有限公司
地址：新北市 24890 新莊區五工五路 2 號
TEL: (02)8990-2588　FAX: (02)2290-1658
製版：瑞豐實業股份有限公司

初版一刷：2017 年 12 月　定價：新台幣 300 元
ISBN 978-986-213-843-4
Printed in Taiwan

我的未來，自己寫：17 歲資奧金牌少年，衝撞體制 500 天 /
何達睿著. ——初版. ——臺北市：大塊文化, 2017.12
264 面；14.8x21 公分. —— (Change ; 8)
ISBN 978-986-213-843-4(平裝)

1. 自我實現 2. 學習方法 3. 資訊科學 4. 程式競賽

177.2　　106020850

我的未來，自己寫

500 Days: Coding My Dreams

何達睿——著

推薦語

「體制的形成有許多原因，大多數是由上而下的控制，所以要由下而上以一己之力衝撞體制，註定傷痕累累。但是只要不放棄，沒有屈服，傷痕結了疤，化成為一個又一個的勳章。」——**小野（作家）**

「萬事起頭難，從零到一的距離，相當於從一到無限大。書中『所有人都很願意在我把一變成二的路上伸出援手，但是我從零變成一的過程才是最需要支持的啊！』可能是台灣許多逐夢少年的心聲。相信本書可以帶給許多人敢於『從零走到一』的勇氣，也讓父母師長們願意支持從零走到一的逐夢少年。」——**唐宗浩（程式教師、獨立教育工作者）**

「最近去幾所大學演講，都在反覆強調一件事：『我比別人會讀書』這件事情已經毫無意義了，因為我們的記憶力、運算能力，甚至是語言能力，早就無法超越我們口袋裡的手機。這個世界再也不需要被訓練成『機器』的人，再也不需要踩著他人往上爬。相反的，我們需要每個擁有得天獨厚之特異功能的人，一起合作，來實現未來世界的各種可能。

本書之所以該被看到，是因為無論是比賽成績或ＭＩＴ這個光環，都不足以詮釋一個人的價值。何達睿將自己一路走來的心路歷程與大家分享，讓每一位讀者看到他努力的過程、看到達成目標的喜悅，也看到每個人的夢想終有一天會實現。每一位家長以及還在思考著自己未來的孩子們，都應該找一個週末下午，好好地享受這本書。」——**戴志洋（資深黑客、ＰＴＴ共同創辦人）**

「我很少佩服別人，但我真的打從心底佩服達睿，他是我見過最勇敢的人之一。為了他的夢想，他可以毅然決然放棄一切現今社會加諸在我們身上的觀念，打破常規，最終達成目標。當別人看到他胸前的金牌時，我卻想起他在成功背後付出的努力、承受的壓力和孤獨。他幾乎每天凌晨三點都要起來打比賽，他放棄了青少年時期最重要的人際關係，他背負著所有人的反對和責罵，獨自一人走在追夢的路上，這樣的環境擊垮了多少人的夢想，但他卻堅持下來，並且完成夢想。

看著他的故事，我感觸很深，甚至數次落淚。追夢路上所曾經歷的阻礙，唯有親身經歷才能體會，但希望他的故事能鼓勵更多有夢想的人勇敢追夢。達睿或許比一般人聰明一點，但他能成功的關鍵絕對是因為他比別人努力，堅持得比別人久，既然他可以做到，那為什麼我們不行？」——**荊姿芸（高中同班同學）**

「二〇一六年暑假，我將要升上高中，偶然間聽說了程式競賽。同一時間，不論是社群媒體還是竹科實驗中學官網上，都可以看到達睿學長獲得國際資訊奧林匹亞競賽金牌的新聞，充滿好奇心的我透過社群媒體找到達睿學長，請教了一些資訊競賽的問題，學長回答完後，還好心地附上了國際資奧的出題準則給我，只不過我當時完全看不懂。

接下來的一個月，我把所有的空閒時間都用在學習資訊競賽的新知識。這段期間，達睿學長曾在我們班上分享他的比賽經歷，最吸引我的莫過於國內針對奧林匹亞競賽入選和奪牌的大學保送制度，對我這種學測成績沒救的人來說，如同救命仙丹。從此達睿學長成為我信仰的唯一真神，我強烈地想成為一個和學長一樣厲害的人。也因為這股力量，讓初入程式競賽圈的我竟然誤打誤撞，進了校隊之後，又打進資訊學科競賽的全國賽。

全國賽之前，達睿學長向學校爭取到幫我和另一位也進入全國賽的學長培訓的機會。每一次培訓中，他都盡力把最多的程式和比賽知識傳授給我們。我在一場場的比賽中逐漸成長，在選訓營中不斷地向其他的強者們請教，最後以第四名的成績從選訓營結業，進入二〇一七年資奧國家代表隊，最後拿下銀牌。

雖然我和達睿學長的能力還有很大的一段距離，但我現在的成果遠遠超越一年前的自己所能想像。達睿學長讓我看見強者的風範，他努力把他的能力和經驗傳承給後輩們。我能有現在的一點點成績，學長絕對功不可沒。謝謝學長成為我努力時指引我方向的那顆閃亮星星，我一定會把你帶給我們的一切，在實驗中學繼續傳承下去。」——**蘇柏瑄（高中學弟）**

自序——五百天追夢之旅

三年前，我還是個普通的高一學生，正從一個國中小屁孩一點一滴地過渡成所謂的「乖巧好學生」。學期成績單上，班任導師給的評語：「個性耿直」，寫的其實是我常把老師當同學，口無遮攔、有話直說，和老師的對話十分活潑，卻又常無意間踩到「頂撞師長」的那條紅線。「學業優良、認真負責能力佳」，其實是一位還沒看見人生志向的小高一，卻又某種程度上相信這個升學主義的體制，能指引出通往某處的道路；其實是我敷衍也好、熬夜也罷，為了一張總是班排前十但不曾前三的成績單，總是想辦法在最後一刻趕上死線（deadline），最後一個週末開始讀段考。以上特質都十分常見，因此無法準確地詮釋我這個人；最能定義我自己的，其實是一顆熱愛資訊和好故事的心。

為什麼故事主角總是能堅持信仰？

我很喜歡看日本動漫畫：不管是血脈賁張的戰鬥場景，還是酸酸甜甜的校園戀愛，或是光怪陸離的異世界生活，我都能看得很開心。不過，雖然動漫作品的種類這麼多，我打從心底欣賞好故事的原因，不外乎一個問題：「為什麼主角總是能夠那麼勇敢地堅持自己的信仰，那麼勇敢地實行自己認為對的事物？」

學業方面，我表現最突出的科目是資訊。從小學六年級組裝電腦的興趣開始，我對資訊的熱情就不曾減少過。進國中後，我發現自己在程式設計方面的天分，國三時拿過「網際網路程式設計全國大賽」（NPSC）國中組全國第一名。

這個天分也讓我在二〇一五年「台灣資訊奧林匹亞選訓營」（TOI）海選時，寫出一支隨機正確率百分之五的程式，並在嘗試二十幾次之後，成功騙到了足以錄取TOI第一階段的分數，但它卻沒能帶我走得更遠。

時間侵蝕夢想的聲音

二〇一五年三月二十九日下午兩點，國立台灣師範大學，TOI第一階段結訓。依照慣例，每年的這個時候，教室的桌子總是會被拼在一塊，好讓裝著十八吋總匯披薩的紙盒有地方放。

紙盒中的三十塊披薩，大小一致，命運卻不盡相同：其中有十二塊披薩，會被熱騰騰地吃光，並且有一兩小片會在愉快的談笑聲中從口中溜出；另外有十七塊披薩，會剩下一半以上，吸收選手寒冰般的沮喪心情後，冷掉，被扔進垃圾桶；最後的那一塊披薩，連續七十分鐘躺在我的筆電散熱口旁，冷也不是，熱也不是，維持著一種曖昧不明、五味雜陳的溫度。而這塊披薩旁邊的我，盤坐在教室的角落，任由耳機中的鄉愁歌曲帶著雙耳流浪，任由目光隨著網址列上的游標閃爍。

「滴答。」忽地，沒有半點鄉愁的聲音響起。我的意識驟然被拉回螢幕上——國際資訊奧林匹亞的官方網站。披薩從手中的紙盤滑了出來，正好接住簌簌落下的眼淚。

「滴答、滴答。」眼光掠過官網金牌榜上陳伯恩學長的名字時，它又響了起來。第一次，我聽見了時間侵蝕夢想的聲音。

這個夢想，有保存期限

國際資訊奧林匹亞競賽（International Olympiad in Informatics，簡稱ＩＯＩ或「資奧」）是限定高中生參加的比賽。換言之，這個夢想，是有保存期限的。高一的嘗試，在七十分鐘前已化為烏有；高三那一次，勢必受到師長和升學壓力的阻撓。因此，我只剩下一次機會。下次不成，夢想過期了，留下的將只有遺憾——終身無法挽回的遺憾。

意識到這點，我做了這輩子至今最危險，但也最高貴、最偉大的決定：「我要當上國手，拿金牌，然後上ＭＩＴ（美國麻省理工學院）。」在名為人生的作答紙上，我寫下了一段五百天長的證明，給出了答案。

五百天後，得到答案的那一天，我內心決定要寫一本書。

人們問我，為什麼要寫書？為什麼不在錄取ＭＩＴ之後，讓自己放個長假直到八月出國？

我當然想啊！你問任何一個有大學念的高三生，他們都想讓自己放空一陣子。就連ＭＩＴ入學審查委員會的官網，都叫我們要「好好享受高三生活」了。

那麼，為什麼要寫書？

金牌背後的五百天追夢之旅

沒事找事做？難道我不用為在美國的生活做準備？尤其是我這一口菜英文，黑人白人聽了都會滿頭問號。

批判體制，改變社會？

拜託，一個連投票權都沒有的高三生，話語的分量有沒有電視台名嘴的百分之一都不知道。不過，我還是會在書中捍衛我認同的價值。

想留名青史？

哈哈，就連寫程式寫了五年的我，都不知道十年前台灣資訊奧林匹亞的國手是誰，不消幾年，「何達睿」三個字就只會剩下9Byte（九個位元組）的分量了。

推廣競技程式、資訊奧林匹亞？

或許吧。現在台灣資訊教育貧乏，可能大多數人連一個中文字佔三個位元組（UTF—8編碼格式）都不知道，寫書也是我所能盡的最大努力了。

但你知道最重要的是什麼嗎？

其一，我不能浪費這個好故事。

我國二的時候，初學程式兩個半月，就拿下全國第三名。那時，我發現了自己的天分所在，就好像騎士拔出了石中劍。但是，當我高一下定決心想要拚資奧金牌時，排山倒海而來的竟不是加油聲，而是冰冷得近乎鄙視的眼神。騎士想要為理想和夢想而戰，身邊的人卻不支持。

我不甘願，出生以來的第一個夢想，只能眼睜睜地看著它被時間侵蝕、腐敗，到了高中畢業的時候，剩下再也無法挽回的遺憾。我跑遍每一個科任老師的辦公室，求他們讓我請假備賽，或是少考幾次小考，我好幾次鼓起勇氣走進父母臥室，求他們放手一陣，讓我自己做主一年。

就像日本動畫《鋼之鍊金術師 OP4 - Period》中所說：「不在乎來自現實的異樣眼光／也要向前對抗的勇氣／並以悲憤的力量改變／即將來到身邊的命運」。

我咬牙打過一場場的硬仗，勝場數逐漸累積，周遭人們的態度也逐漸從反對轉為祝福，再轉為支持、進而看好。騎士超群的實力，終於使身邊的人都信服他。於是騎士乘載著眾人的期盼，邁向最終頭目戰。

待頭目戰開打，騎士屈居下風。他的血量所剩無幾，幾乎要放棄。但是，觀眾席上震耳欲聾的加油聲，讓騎士找回信念，並在最後一刻使出致命一擊，拿下了勝利。

我站在國際資奧的頒獎台上，全場所有人都看著我胸前的金牌，卻只有我看得見金牌背後，耀眼的五百天追夢之旅。我看過夠多的動漫畫，足以衡量這個故事有多精采。而且不管是小頭目戰或大頭目戰，我經歷的都是超級緊張刺激的「最後一刻逆轉勝」——剛好可以拍成兩季。我打從心底知道，我不能讓這個故事隨著我的消逝而消逝。我必須對它負起責任。

其二，我不願再成為下一個追夢人的絆腳石，而是墊腳石。

一度，全世界都對我投下反對票，追逐夢想的初心傷痕累累，流乾了最後一滴血與淚。但我的心仍堅持著、發亮著，我發誓：「如果有今天，我絕不能再成為下一個追夢人的絆腳石。」

摘金之後，我有幸認識不少有天分的學弟，也有幸以「前國手」的身分回到台灣資奧選訓營授課。看著許許多多與我相似的人生旅程，我無從知道他們承受了多少張反對票。但我知道，這次，我能助他們一臂之力。二〇一七年四月，當我指導的學弟蘇柏瑄入選資奧國手、在八月得到資奧銀牌，我才能開始說服自己，曾經那麼地痛，值得。

這本書出版的那一天，這趟追夢之旅，將畫下階段性完美的句點。而我的人生，將在地球彼端展開新的一頁。未來，我或將遇到挫折，感到灰心喪志。但是，當我回頭望向時間軸的彼方，這個一生僅此一次的旅程，必將再次鼓舞那時的我，讓他和現在的我一樣，感動落淚。

那時的我，一定會再次鼓起勇氣，朝著時間軸的此方繼續邁進，實踐我在MIT申請書中寫下的最後一句話：

「I will make the best of my life to create more great stories.」

（我將窮盡一生來創造更多好故事。）

序曲——接觸程式設計和程式比賽

我第一次接觸「程式設計」是在小學四年級的時候。那時的電腦課教了Scratch，一款ＭＩＴ開發的圖形化高階程式語言。

老師講解各種基本指令時，周圍的同學都意興闌珊，用指令做完最低限度的操作後，就偷偷開始玩起網頁遊戲。但是我卻覺得那些指令非常直覺，很快就摸透了它們的模式，甚至把還沒教到的指令也組合進去，想看看會發生什麼事。我還記得，那門課的期末專案，是要做一份宣導消防知識的Scratch作品。我為了這個作品特別構思了一個小故事：主角因為颱風來襲，受困深山，玩家要操控主角在雜亂的房間中找到各種幫助逃生的物品，最後讓主角獲救。

我非常享受把故事轉換成指令的過程，因為在Scratch的頁面中，我就是上帝，隨著我下的一條條指令依序亮起，那個名為「視窗」的世界，就受到指揮，自己動了起來，讓我非常自豪。

最後，當主角搭著直升機離開的時候，我心裡更是充滿成就感。老師看到我的作品驚豔不已，說我的作品比其他同學優秀許多，還問我要不要考慮參展。

而第一次參加程式「比賽」，則要等到三年之後。

國一的時候，電腦課又上了Scratch，而這次的作業是要做一個迷宮遊戲。我早早就把該遊戲做完了，還有閒暇幫隔壁的同學測試程式碼，看他哪裡寫錯。老師看我閒閒沒事做，就出了一道難題，說這節課做出來的同學可以加分。我試了一下，發現還真的不簡單，想著想著，二十幾分鐘竟然就過去了。下課鐘響前兩分鐘，我總算拼湊出一份合理的程式碼，交給老師看，結果竟然給我矇對了。原來，這題用到了一個程式結構，名為「迴圈」。

這個結構，通常大家都是課外特別去學寫程式才會學到，沒有像我這樣靠通靈和硬湊寫出來的。當老師知道我在沒有課外補習的基礎下答出這題，便建議我去學寫程式，並參加程式競賽。

不久後，國一升國二的暑假某天，我和爸爸看到一則新聞，標題寫著「基測全國榜首四三三點九分」。我看到簡直嚇傻了：基測滿分不過才四一二分，怎麼會有這種奇葩的分數？原來是因為該考生在得分四〇八分之外，又有科展以及台大計算機中心舉辦的「網際網路程式設計全國大賽」（NPSC）等加分項目，才得出這個天文數字。這時，我想起當時電腦老師給我的建議，告訴爸爸，我們便決定開始學寫C++程式語言，並參加該年十一月底的NPSC。

一眨眼，三個半月過去，我到了NPSC比賽會場。父母和我都覺得這次參賽旨在累積經驗、熟悉規則，等到明年國三再全力一搏，所以我們對競賽成績並不抱太大期望。沒想到，我在沒有壓力的情況下參賽，反而能百分之百發揮，名次在排行榜中逆勢上揚，最後取得全國第二名的佳績。

相較於其他參賽者，我發現小學學圍棋時養成了耐心思考的習慣，在練習競賽數學時吸收了超越同齡的數學知識，又在大量圍棋比賽和數學競賽中習慣了在大場面競爭的氣氛。這一切的一切，彷彿都是為了當天做的準備。而這個成績也帶給我莫大的成就感和自信，幫助我在接下來的一年中持續精進程式設計能力，並在國三時拿下全國第一名。（好笑的是，十二年國教從我這一屆開始實施，於是曾經有的加分項目最後都無用武之地，正所謂計畫趕不上變化！）

初識IOI

而第一次認識「國際資訊奧林匹亞競賽」（ＩＯＩ）這個名詞，則一定要提到我國二那屆ＮＰＳＣ比賽的第一名。他叫周逸，綽號「周強」，因為他雖然一個人參賽，但是真的很強，戰力打掛所有兩人組隊的隊伍。比賽時，我恰好坐在他對面，當我們這隊一直卡在某一題，想破頭都無解的時候，螢幕的另一側卻一直傳來流暢的敲鍵盤啪啪聲和鉛筆書寫的沙沙聲。

最後，離比賽結束還有半小時，他解開了最後一題，也就是俗稱的「破台」。只見他向後一躺，開始收拾桌上的題目本和文具，這時全場的評審也圍了過來，恭喜他以單人之姿解出所有題目。

螢幕的另一側如此歡樂，但螢幕的這一側卻是一片慘淡，我和隊友都無法解出彼端輕鬆解決的題目，這樣的對比深深烙印在我腦海中。

一年後，雖然沒有破台，我拿下了國中組的第一名。而前一年第一名的他，高中一年級時就入選了資訊奧林匹亞的國手，最後還拿下銀牌，這也讓我燃起了摘下國手身分的鬥志。

不過，資訊奧林匹亞之神也真是弄人！摘銀的隔年，他又入選了國手，我原本預期他這次應該能拿金，但是他卻沒能正常發揮，最後只拿下了銅牌。再隔年，他選擇從資奧退休，而看著他背影前進的我，最後入選了國手，連著他的份一起拿下了金牌。

拿下資奧金牌的四個月後，我在我的引退賽，也就是ＮＰＳＣ的高中組決賽中，距比賽結束的五十三分鐘前，達成了更高難度的「高中組破台」，前一次ＮＰＳＣ高中組有人破台是十年前。也算是圓了當初參加ＮＰＳＣ國中組沒能破台的小遺憾。

命運轉捩點：第一次參加 IOI 落選

高中一年級，我追隨著從國二開始就緊盯著的周逸背影，入選了二〇一五年的「台灣國際資訊奧林匹亞競賽」（TOI）第一階段。入選的那一刻，我非常高興！照這樣的步調下去，就算最後運氣差了點沒當上國手，起碼也能晉級第二階段，取得大學推薦的資格吧！就這樣，我抱著這份近乎愚蠢的自負，進入了TOI選訓營。

第一天，當其他選手在白板前討論題目時，我抱著好奇心和想指導他人的「善心」，湊上去看。然而，走近仔細一聽，卻發現我竟然聽不懂他們談話中的專業術語，也完全跟不上他們邏輯思考的速度！我幾乎慌了陣腳，但當我發現這一題的內容是很稀有的題型、也很少考的時候，我便開始自我安慰：「常考的題型，我可是熟悉得很呢！」

但是，七天下來，每天進行題目討論的時候，我都沒能插上話，只能摸摸鼻子，回到自己的座位上，繼續練題。之前心中滿溢的自信，一點一點地被焦慮和壓力侵蝕，但我仍強迫自己別過頭去，不往心中被污染的那個方向看。就這樣，到了考試的那一天，潮水退了，才終於發現自己沒穿褲子。

考試的當下，我非常困惑：奇怪，這場考試怎麼比入營考難這麼多！思考的方向一直吃閉門羹，分數的進展也十分緩慢。就這樣，四個小時過去了，我總共只拿了四十三分。出了考場，大家互相試探成績一番，代表晉級門檻的第十二名得分竟有五十八分那麼高！甚至，我國三參加NPSC奪冠那次競賽的兩個手下敗將，也拿了足足七十三分和八十三分！

我非常懊悔，原來這一年，我為了考上錄取分數比建中、北一女還高的新竹國立科學工業園區實驗高級中學，巨大的競爭壓力讓我不得不花許多心思在課業上，卻也因此讓我寫程式的實力不進反退。我鼓起勇氣，詢問那位七十三分選手的各題作法，希望可以從中找到些許眉角，但聽了後卻只徒增困惑。

明明都是四小時四題，他作法中使用的資訊科學知識我也不是不會，為什麼考出來的分數會差那麼多？窮途末路的我，選擇繼續安慰自己：既然那些東西我都會，可能只是運氣不好，來不及發現正確的組合方式，下次考試我還是有機會！

就這樣，接下來七天，我以臨時抱佛腳的態度，不聽每天題目討論的內容，只專注在溫習自己已經知道的各種程式工具用法。但是，只消再一場考試的成績，我那一份天真的自大就將被擋在晉級門檻之後。

結訓典禮那天，晉級名單公布。第二場考試，我終究只拿了五十一分，跟十二名晉級門檻的差距又擴大三分，來到十八分。與此同時，教授和助教們依照往年慣例，拿著可樂和披薩走進來。如同我在序文中所描述，我被分到的那塊披薩，連續七十分鐘都躺在我筆電的散熱口旁，冷也不是，熱也不是，而那個抱著筆電、蹲坐在教室角落的我所體會到的感覺，我一輩子也不會忘記。

那不是簡單四個字「欲哭無淚」可以形容，而是一種更深沉的悲痛，發現幾年來一直嚮往的那個方向、一直視為正確的價值，瞬間化為烏有，只留下滿滿的自我懷疑。

無解的悲痛

我並不是第一次經歷失敗，也並不是第一次犯錯，但是以往的每一次痛楚，都是有答案的。之前，當右腦沉迷於動畫中劇情的張力與人物的刻畫、熬到三更半夜，隔天帶著深黑眼圈、沒法好好上課的時候，左腦會說：「就算動畫好看，太大程度違背日常作息，會讓隔天的自己生不如死，所以要懂得節制。」

當左腦本著科學的精神，對著老師誠實說出自己的觀察與見解，而捱了一頓罵的時候，右腦會說：「有時候赤裸裸的實話，會在情緒上刺傷人，這時要懂得運用『善意的謊言』，讓對話的兩邊都能愉快。」

但是這一次，當我朝著左右腦都同意的方向前進，卻猛地撞上一道緊緊關上的大門時，兩邊都沒有答案。左腦問：「是我的努力不夠？還是這就是我的才能極限？或者是我抗壓性不足？抑或是運氣差了點？」右腦問：「夢想，錯了嗎？自信，錯了嗎？對夢想的執著，究竟是武器，還是負擔？或許我少了動畫人物的毅力和決心？」

太多的問題，我以為是肯定的，但是合併起來，卻在公布榜單的這天得到否定的答案。年僅十六歲的我，無法忽視，卻也無力回答，只能默默承受。然而，幼小的心靈不足以承受這麼大量的問號，於是它們在過飽和的腦海中形成了尖銳的結晶，刺痛著、傷害著。

任何傷口都需要血液凝固後把它填滿，才能逐漸痊癒；每個問題，都需要找到相應的答案，才能從錯誤中學習，以繼續前進。以往，當左手流血，我有右手可以尋找消毒棉片和ＯＫ繃，但是這次，當左右腦一齊大吼：「我要答案！」我卻什麼都沒辦法做，只能放任自己被腦中越來越大的回聲控制住，雙臂緊緊環抱雙膝，將自己綑綁起來，越縮越緊，越來越渺小。

看見龜縮在教室角落的我，ＴＯＩ中的戰友們都鼓勵我、安慰我，提醒我明年還可以捲土重來。學校同學則傳了訊息過來，開玩笑地要我趕緊收拾心情回學校拚段考。此刻，所有人站在資奧與課業的岔路口向我招手，要我先回到原本那條道路上，資奧這條路之後再說。但是，我卻選擇走向和絕大多數人不一樣的方向，五百天後抵達了和絕大多數人不一樣的終點。

A　五百天之前

電競選手 & 跑跑卡丁車

我的小學時期，正好是台灣電子競技（下文簡稱「電競」）產業起飛的年代。二〇〇八年，我小學三年級，是台灣的電競元年。到第二年，小四的時候，電視開始轉播電競賽事，班上的同學也都開始討論電視台中自己喜歡的電競選手，和最近幾場賽事的戰況。

那時候電競引起一陣狂熱，在收視率上甚至超越了籠罩假球風雲的中華職棒。再加上我身形單薄，從小到大，體重一直都在「過輕」邊緣，並不擅長各項球類運動。因此，對電視中酷炫的選手和他們神乎其技的遊戲操作的崇拜感，在我幼小的心靈中漸漸萌芽。

四年級時，我接觸到台灣電競聯盟其中一項賽事指定遊戲：「跑跑卡丁車」。這是一款卡通化的賽車遊戲，操作簡單，入門門檻低，但是要利用少數按鍵組合成頂尖的技巧卻異常困難。由於當時的我看不懂那麼深厚的技巧，以為只要勤加練習，用更快的反應速度按下按鍵，就可以像電視中的電競選手一樣大殺四方。

於是，我花在「跑跑卡丁車」的時間，從四年級的每週四小時，逐漸增加，到國二時竟然已經高達了每週十幾個小時。對「跑跑卡丁車」的態度，也從原本的輕量休閒，成為一種近乎沉迷的娛樂和愚公移山的天真執著。雖說努力總有回報，到國二時我已經成為高手玩家的一分子，但是當我真正嘗試參加電競比賽時，卻在十六強就止步了。從那時開始，我便意識到我跟電競選手的差距終究還是太大，也放下了對電競這條路的嚮往。

電腦、鋼琴、圍棋

而我用來征戰「跑跑卡丁車」賽場的電腦，也是我的得意之作。

小五升小六的那個暑假，我第一次接觸到電腦組裝的領域。從此之後，電腦對我來說不再是一個黑盒子，而是可以拆成機殼、處理器、顯示卡……等各式零組件。對當時的我來說，每一個零件的抽換，竟然可以達到不一樣的效能，覺得真是太有趣了，我也樂於預測和嘗試各種零件排列組合的效果。

最後，我根據兩個月來所學，和爸爸專程從新竹到台北的光華商場，把小學幾年存下的四萬多元壓歲錢全部花在頂尖的零組件上，組出了當時人人稱羨的夢幻電腦。此後，我非常珍惜這台電腦，也會適時地升級或是保養它。七年下來，家中其他成員的電腦都換了兩、三番，只有我的電腦在仔細呵護下老當益壯，甚至七年後（二〇一七年）還玩得起現在的 3A 級遊戲大作。

此外，我小學時也在父母的鼓勵下，選了一項樂器學習——鋼琴。

我沒有音樂方面的天分，鋼琴也只彈得普普通通。不過學琴之後，鋼琴聲就對我有一種沉靜的吸引力。直到現在，當我想要靜下心來寫作業或是讀書的時候，我都會放幾首鋼琴曲，讓嘈雜的心思快速安靜下來。

至於另一項小學時期開發的才藝，我則走得更長更遠，那就是圍棋。小學時的《棋靈王》動漫畫熱潮，讓許多家長都把小孩送到棋院學棋，我也不例外。我從小二開始學圍棋，逐漸習慣下圍棋時那種邏輯思考力、形勢預測力，以及為了一步棋長考數十分鐘的耐力。

然而，我一直都沒有辦法掌握棋院其他天才高手那種主動出擊、算計謀略的思考模式，因此我在圍棋方面的成長速度非常緩慢，並不是突破性的。不過六年經驗的累積，還是讓我看遍不少盤面，也能感受到每個招式大致上的應對方式，最後在國二時拿下了業餘五段的證書。

科普閱讀及競賽數學

因為統計上男生的理工腦通常較發達，所以父母在我小學和國中的時候，給我看了許多數理方面的科普教育書。我也沒有讓他們失望，將書中那種約定成俗和嚴謹論證的模式掌握得不錯。而書中穿插的漫畫和有趣的現實應用，也是很合我胃口的甜味劑，讓我能夠一本接著一本地啃書。

雖然書中關於較為艱深的主題、內容都只有蜻蜓點水一樣地帶過，不過這麼大的閱讀量，讓我常常能在數理考試中闖出比較有道理的選項，也成為我後來考上高中科學班的武器。

除了科普書之外，父母在數理方面的規畫中，也包含讓小學時期的我去參加各種數學競賽。不過那時候他們並沒有讓我去補習班，僅僅是在比賽日期的前一、兩週，幫我買幾本考古題，讓我自己寫。

或許是因為下圍棋培養出來的定力，每當我把題本打開，埋頭一寫就是一兩個小時，完全不需要任何父母的壓力或監督。我非常享受那種嘗試從各個角度攻破一道題目的過程，就算做不出來，我也可以從解答出發，用反向推論的方式得出一些結論。而這種土法煉鋼、完全不靠補習或他人指導的學習模式，竟然讓我在小學三年級時拿下「全國數學奧林匹克競賽」的一等獎（第十名）。

這讓父母認定我在競賽數學這一塊有天分，於是讓我參加了超出學校數學課綱、專門針對「競賽數學」的培訓班。我也不辜負他們的期望，直到國中畢業之前拿下了大大小小的數學競賽獎項。不過上了高中之後，當我嘗試想考進數學奧林匹亞的選訓營時，卻終究敵不過這個紅海競爭中其他接受更長期、更密集，訓練強度也更高的高中生們，在第一關就被刷下來。

然而，即使沒能進入數奧的選訓營，長久下來，我在數學方面的邏輯思維十分扎實，對之後我追逐資奧金牌幫助很大。

英語學習

在拿到資奧金牌後，我能更進一步成功申請上ＭＩＴ，有一項十分明顯的要素，那就是良好的英文能力。

我從小到大的英文學習歷程算十分順利。上國中後，我沒有接受任何形式的英文補習，取而代之的是我觀看影片網站中英文節目的興趣。當時中文影片的內容素質較差，所以我喜歡看英文影片，從脫口秀、搞笑影片、電競遊戲實況、甚至各項電腦零組件的開箱與介紹……這些內容提供我每天至少一小時的英聽、英讀時間，也讓我對學校的英語課程感到易如反掌。

日本動畫

因為國中同學的推薦，我成為日本動畫的愛好者。從幾部經典神作開始，國中的我就這樣一部接一部看下去，到了畢業時竟然已經看完了幾十部作品。

我喜歡的作品，並不受限於最受普羅大眾歡迎的熱門作品，如《火影忍者》、《銀魂》、《家庭教師》等長期連載名作，我反而會因為害怕太多集看不完，選擇完全不看。但是，只有一、兩季的作品，不管是《Fate／Stay Night: Unlimited Blade Works》、《罪惡皇冠》這類令人血脈賁張的戰鬥系作品，或是《虎與龍》、《櫻花莊的寵物女孩》這類酸酸甜甜的校園戀愛作品，抑或是《刀劍神域》、《遊戲人生》等光怪陸離的異世界作品，我都看得很開心。

這段時間的我，正值叛逆期，想要在人生中找到自己的角色，而日本動畫成了我心中膨脹情緒最直接的發洩出口。

在動畫裡，我看到了各式各樣的角色，追逐著各式各樣的夢想，譜出了一個個精采刺激的好故事。我逐漸開始嚮往這個二次元的世界，裡頭融合了「毅力」、

「決心」、「努力」等許多正面價值觀，這些價值觀和諧共存，維持著一份單純的美好，就像一個萬里無雲的晴空、一片一望無際的綠油油草原、草原中央一棵大榕樹，以及樹下一對肩靠著肩坐著睡著的小情侶——這般景象。

我想活得像動畫裡面的主角一樣，也想在三次元中證明他們的那些價值觀是對的，但是這一份嚮往，卻和父母給我的那套重視現實、尋求妥協和平衡的邏輯無法相容。我抱著這份邏輯與嚮往之間的矛盾，度過了國中三年。

除了劇情本身，動畫中的配樂往往和劇情以及劇中人物的情緒緊密相關，因此就算只把配樂獨立出來聽，我也能夠從耳機中感受到劇情中那一份熱情澎湃。這樣的特性也讓我的隨身歌單逐漸被動畫音樂占滿。不管是寫作還是沉思，當我覺得缺乏某種情感的時候，我就會從歌單中找到對應那份情感的曲子，播個兩三遍，之後便會覺得自己好多了，又可以繼續下去。

最後我統整了所有自己喜歡的動畫角色，發現他們都有一個讓我既崇拜又嚮往的共通特質：「為什麼他們總是能夠那麼勇敢地堅持自己的信仰，那麼勇敢地實踐自己認為對的事物？」

我怎麼也沒想到，我未來人生中一趟精采的五百天旅程，竟然會以這個問句的形式，種下了最初的種子。

小六的創傷

小學時的我，雖然已經發現「請、謝謝、對不起」這樣的基本禮貌可以討好老師，但還不懂得「給人台階」的概念，不知道有時候老師要的不是實話，而是服從。

有一次，我有一份作業遲交了一、兩天，下課時間把作業交給老師的時候，只見老師拿出藍筆，在登記簿上畫了畫，跟我說：「你這樣讓我很麻煩，知道嗎？」如果是現在的我，可以輕易辨認出此時只要簡單地鞠躬道歉，就可以小事化無，但是當時的我並沒有感知氣氛的能力和維持和諧的默契，於是我說：「不過是在登記簿上畫個一、兩筆，也沒那麼麻煩吧！」

然後老師就爆氣了。惱羞成怒的她，接下來的一整堂課完全沒管教學進度，只對著我大罵，在全班同學面前直接公審我、羞辱我。整堂課的辱罵中，我記得最清楚的二句話是：「就算何達睿已經錄取資優班了，只要你們的態度正確，你們未來的成就一定會比何達睿高！」「原本他錄取資優班的時候，我還在考慮為他恭喜、慶祝一番，但是看他這樣，算了！」

當時的我感受到滿滿的恐懼和憤怒，卻又弱小得無能為力，只能在座位上一直哭、一直哭。全班同學都知道老師生氣了，除了身邊同學小聲幾句安慰：「不要理她」、「這沒關係啦」之外，大家都坐在各自的位置上不敢動彈。

回到家，我把這件事告訴父母，但意外的是，他們並沒有特別責備我錯在哪裡，而是開啟了一段針對「老師和學生」的探討，刺激我思考。

那天之後，我也不再在意這件事到底誰對誰錯，但是「老師的視野也有極限，因此他們不總是對的。」這個結論，卻深深刻在我心中，成為未來促成五百天追夢之旅的催化劑之一。

寫一張卡片，給十年後的自己

我對夢想的渴望，在一張國中寫的卡片中，可以窺見一二。

國三有次上課，老師發了一張卡片給全班同學。老師說，他想做一個類似時光膠囊的實驗，要我們每個人給十年後的自己寫幾句話。老師當時對大家說，我們寫完之後，他絕對不會拆開來看，要我們放心寫下任何想寫的東西。

當時的我，反射動作一樣地在卡片中第一行寫下：「你達成自己夢想了沒？」後面霹哩啪啦地接了一串我想達成的項目。

三年後，雖然我已經想不起來當時列出的每一個項目，但這件事本身我卻記得清清楚楚，而且我很確定「資奧國手」或「資奧金牌」是其中一項。

三年過去了，其他同學們或許都已忘記這張卡片的存在。但是，我想努力把這張卡片牢牢記在腦海裡。或許，只要我繼續記得這張卡片，就會在冥冥之中實現上面的每一個項目。這樣一來，等老師真的在大家二十五歲時候寄回這張卡片，我就可以和十年前的自己核對答案了！

B　五百天之戰

B1 內心的轉折

他們說，上天關了我一扇門，一定會留給我另一扇窗。但是，把頭埋進雙腿之間的我，卻著迷於在最深刻的黑暗中，才能發現的那道從門縫透出來、最微小的希望之光。

關鍵的決定

在二〇一五年ＴＯＩ選訓營的結訓典禮上，其他的選手們，有些快樂地吃著披薩聊天，另一些人，或把吞敗的冰冷情緒轉換到披薩後丟進垃圾桶，或以筆電螢幕中的電腦遊戲作為發洩口，把受傷的心靈藏進遊戲人物中。唯獨我，不為敗北尋找任何的閃躲方向或轉換媒介，而是誠實地面對腦海中的每一道問題，把它們扛上肩膀，決心踏上尋找答案之旅。

在TOI中，我有幸和全台灣資訊科最傑出的另外二十九位國、高中生一起生活了兩週。在這裡的每天二十四小時，我得以近距離觀察二十九個形形色色的故事。其中，有人為了自己的資訊興趣，可以連學校成績、出席率都不管，憑著熱愛程式的那顆心投入大量的時間和腦力。這樣的人，在考場中展現了對當時的我來說神乎其技的實力，一路勢如破竹，直達國手。而我呢？仗著自己國中曾拿下全國第一名，以為自己天分過人，直到落選的那一刻才看清事實。

但是參加選訓營除了被電爛之外，透過跟頂尖高手互動，我也發現這個領域的正確施力點在哪裡，也看見「要怎麼收穫，先怎麼栽」的活生生例子。更重要的是，當我發現他們也是普通人，也曾經跟我一樣平凡的時候，我便能估計出一個根據自身實力和天分的進度表——對方既然不比我聰明，就代表我只要付出和對方等量的努力，就能達成一樣的效果。

我用力扳開那道緊閉的大門，好讓自己看見多一點的光線。窺見門縫的彼側後，左腦覺得這條路或許可行，值得一試，右腦吞不下這次失敗的懊悔和悲憤，想要來一趟精采的復仇之旅。於是，我找了一枚放大鏡，開始仔細地打量夢想這條道路。

我的夢想是：「當國手，拿金牌，上ＭＩＴ。」

從國中參加程式競賽開始，我就把資奧金牌當作自己的夢想。而我高一上學期，看到拿到數奧、資奧雙金的陳伯恩學長錄取ＭＩＴ的時候，ＭＩＴ這個科學奧匹的終極聖盃，就成了我夢想的終點。然而，這個夢想和「我想開一家店」或是「我想環遊世界」等其他類型的夢想不一樣。

這個夢想，是有「保存期限」的。

資訊奧林匹亞是高中生限定的比賽，因此它本質上就只有三年的有效期間。然而，高一的第一次機會，已經正式在七十分鐘前宣告失敗；而高三那年，除了時程上會趕不及成為申請ＭＩＴ的有利籌碼之外，爸媽和老師勢必會以升學為由，全力阻止我朝這個方向前進。也就是說，我只剩下高二的最後一次機會。這次再失敗，我有生以來的第一個夢想，將成為過期品，任由時間把它一點一點地風乾成一輩子的遺憾。

落選後成了天才

結訓後，恰逢學校段考，選訓營的免考條款讓我可以多沉澱兩天。兩天過後，我便下定決心，這一年在所不惜，一定要朝著這個夢想全力以赴，看看自己究竟可以走得多遠。而為了增強自己的資訊實力，我願意暫時放下課業、荒廢社交、無視學測，甚至一直請假、連出席率都不管，只為了從這一年中榨出所有可以讓自己努力變強的時間。

如果自己的實力增長太慢，或是學校方面的阻力實在太大，這一年我甚至休學、也要把自己的一切都貢獻給資奧。因為唯有這樣，就算最後我失敗了，也才能說服自己真的為夢想盡過「全力」了。

五百天後，身邊的所有人都讚嘆我的勇氣、懾服於我的毅力、尊敬我的決心，甚或仰望我的實力。他們看著活躍於大小比賽分數板上的我，得出了各式各樣的結論。他們說，從來沒看過這樣聰明又努力的學生。他們說，從選訓營落選後，我就變成了天才。

但事實上，我並不是天才，我甚至不是選訓營中最聰明的那個。他們所見到的，僅僅是一個願意百分之百朝著夢想衝刺的人所發揮的百分之百實力。他們從不知道，那兩天內，我與左右腦的對話，是怎麼樣由內而外地改變了我整個人，又是怎麼樣決定了我接下來五百天的走向。

陳伯恩學長可以，為什麼我不行？

我站在那道緊閉的大門前，手上握著僅存的一次機會。

落選那一刻，我就知道，夢想與傳統的那條路，我不能兩條都走。百分之九十九的人早就把傳統的那條路踩得又平又穩，我當然可以選擇回頭。但是，我看著曾為手下敗將的對手抵達了大門的彼側，我也發現，其實夢想這一條路，並非全然不可能。

這兩者間，我必須要做一個抉擇。然而，如果我選擇後者，因為沒有失敗的空間，我必須全力衝刺，不能回頭。不管是左腦還是右腦，都必須要百分之百地說服自己，不留任何反悔的餘地。於是，我望向左腦，問：「奧匹和升學，你怎麼選？」左腦用低沉而穩重的嗓音說：「陳伯恩學長可以，為什麼我不行？」

我第一次看見陳伯恩學長的名字，是在國三那年的NPSC。

那時，我拿了國中組的第一名，而陳伯恩學長是高中組的第一名。之後，我考取了實驗中學科學班，在參觀學校時從資訊老師那裡聽到了陳伯恩學長的故事。學長從小數學天分就很好，早在十一、十二歲時就跳級學微積分，這樣的天分也讓他在九年級（國三）時跳級拿下高中國際數學奧林匹亞競賽金牌。但是十年級（高一）時，他因為罹患血癌，得在醫院進行化療，無法繼續參加密集的奧匹選訓營。不過在醫院進行療程的他，依然憑藉自己對資訊的興趣繼續鑽研，最後在十一年級（高二）時拿下了國際資訊奧林匹亞的金牌。

陳伯恩學長的故事震撼了我，讓我打從心底尊敬他。他即使在化療中，也堅持準備資訊奧匹，那份追求所愛的執著和勇氣，讓我非常感動和欣羨，因而期許自己也能擁有那份讓他最後成功摘金的態度。

劍士有紀

後來，在日本動畫《刀劍神域II》裡，我再度看見一個讓我感動落淚的故事。

在虛擬世界ＡＬＯ裡面，有一位劍技絕頂的劍士，名叫有紀，稱號「絕劍」。然而，現實世界的她是一位愛滋病的末期患者。為了減輕治療的痛苦，她生命中的最後三年幾乎都在虛擬世界中度過。然而，她並不因為自己的病感到氣餒，而是秉持著正面樂觀的心情，在虛擬世界中琢磨自己的劍技。

最後，有紀不但在一場劍技決鬥大會中戰勝了男主角，也打敗了ＡＬＯ中的頭目，讓她的遊戲ＩＤ永遠留名於世。動畫最後一集，當有紀躺在女主角的懷裡去世時，她從女主角的身上看見了姊姊的影子，留下了最後一句話：「我……努力活過了，在這裡活過了喔！」

當我看到這個段落，眼淚不禁撲簌簌地落下。有紀的大半輩子，都在醫院中非常辛苦地努力活下去，但是她卻在虛擬世界裡，不斷追求心中夢想的劍技，才找到自己努力活過的證據。

我想，他們倆在醫院承受那樣的痛楚，努力活著，都是為了在另外一個世界中說服自己努力活過了。但是擁有大把時間的我，不需要承受任何皮肉之痛，卻總向現實、向課業妥協，不敢追求內心嚮往的那面金牌。抱持這樣窩囊生命態度的我，怎麼可能有臉說自己努力活過了？

我覺得，不管是陳伯恩學長還是有紀，看見死神讓他們能夠正視自己對死亡的恐懼，從而明白自己所剩的時間不多，因此要把時間留給自己最喜歡的事物，才能義無反顧地追求所愛。不過，這畢竟只是我站在第三者視角的一個猜測，我覺得自己和他們的距離絕對不是這個猜測可以涵蓋的。

因此我很好奇，死神到底還教了他們什麼？我嘗試不透過癌症這樣的瀕死經驗，來尋找自己的答案。

為什麼瀕臨死亡可以讓人開始追夢？

看過一則統計報導，一般人臨終前最常見的遺憾都是「我沒有做ＸＸ」、「我當初應該去做ＸＸ」。我第一次知道這件事的時候，覺得非常不可思議，如果當初真心想去做一件事，為什麼不去做就好了？人生最後一次闔眼之後，到來的就是無限長的死寂，而在這之前竟然是抱著許多來不及做完的事，這種看見所愛的事物，卻連嘗試追求都不敢，最後才在懊悔——這種人生模式對我來說太可悲了，我沒有辦法接受！

「我記得當初好想拿到一面奧匹金牌，但是我沒有認真試過，真可惜。」——我不願意抱著這句話面對人生終點。

但是，「我記得當初好想拿到一面奧匹金牌，我努力試了一年，發現自己天分差太遠了，實在是拿不到。」——這句話我可以接受。

我真正害怕的，其實是沒能為自己曾經擁有的夢想找到答案（不管是ＹＥＳ或是ＮＯ），就這樣空著一道未答題，離開人生的考場；這等於你活了一輩子，卻不能說服自己努力活過了。

後來，我逐漸知道每個人在面臨人生抉擇時，可能都有無法放下的包袱或是環境的因素，導致無法實現夢想。但我只是一個普通高中生，沒什麼包袱，不用付車貸、房貸，也不用養爸媽、老婆或小孩，我現在花一年全力拚拚看，大不了人生之路晚一年，又沒什麼了不起。所謂的「中年危機」不都是三年、五年？我才花一年算什麼？更何況，若和陳伯恩學長相比，我應該更能輸得起「生命中的一年」這個籌碼，何來他可以拚資奧、而我不行的道理？

「為什麼瀕臨死亡可以讓人開始追夢？」

最初的我，嘗試尋找這個問題的答案。但是在作答的過程中，我卻逐漸發現問題本身的荒謬。於是，作答紙上的筆鋒一轉：「誰說一定要瀕臨死亡才能開始追夢？為什麼我不能活得好好地就開始追夢？」

推論出屬於自己的看法之後，我便不再在意死神能夠教我什麼，轉而正視自己所愛之事物，並勇敢追求。我不需要任何疾病來當作追求夢想的催化劑，何其幸運。

B2

像動畫人物一樣精采

聽完左腦的結論，我轉頭看向右腦，它用天真又可愛的童聲大叫：「我想要活得像動畫人物一樣！」

從第一次接觸日本動畫開始，我就非常嚮往動畫人物的生活態度。每個人的個性都非常單純，用幾個特質就可以概括。這幾個特質成為他們的核心態度，貫徹他們的一生（從第一季到最後一季）。而故事線中各個角色的互動，其實就是「毅力」、「決心」、「努力」等不同特質之間的交互關係。

我真的很喜歡動畫，甚至恨不得把自己從三次元壓進二次元，活在動畫的世界裡。但是，現實世界中的我卻得背負太多現世的考量，於是心中嚮往的那些特質與信念逐漸被遮蓋，反而讓自己的人生顯得平凡。

我不甘願自己的人生這麼平凡，也想要像動畫人物一樣抱持著自己相信的那些信念和特質，朝著某個方向努力，活出一個單純美好的故事。所以遇見國際奧林匹亞競賽這個絕佳的故事舞台後，我也從各個我最喜歡的動畫人物身上借用了一些特質，希望可以活得像動畫人物一樣。

角色一：《Kill la Kill》的纏流子

纏流子是動畫《Kill la Kill》的女主角，我們暱稱她為「流子醬」。她自幼喪父，從小就立志要為父親報仇。然而，殺害她父親的是控制整個城市的「本能字集團」，因此在尋找元兇的過程中，她承受了很多來自本能字學園的阻力。但是她的勇氣和實力隨著一次次的戰鬥而更加堅強，到最後終於克服了一切阻力，成長到最強的狀態，報了殺父之仇。

我在追夢的路上，一開始就受到非常多阻力。當全世界都對我投下反對票的時候，我好希望自己也有流子醬的勇氣，可以堅持下去。我不求能像她一樣扳倒整個體制，只希望心中那份純粹的夢想能在這個價值單一（唯有讀書高）的社會存活下來。最痛苦的那段時間，我會重複播放《Kill la Kill》的主題曲〈Don't lose your way〉（不要失去方向），彷彿透過這首歌可以借用一點她的勇氣，提醒自己謹記選擇的方向，之後就覺得好多了，又可以再撐下去。

角色二：《AZ》的界塚伊奈帆

界塚伊奈帆是動畫《ALDNOAH.ZERO》（簡稱AZ）的男主角之一。AZ描寫的是一場移民火星的人類和地球上的人類間的星際戰爭。伊奈帆是地球軍裡智商最高的角色，智力滿到溢出來，贏過其他所有角色。儘管地球軍的軍備實力落後，伊奈帆總可以運用靈活的操作技術和破表的智商，把火星人打得無還手之力。

我覺得資奧競賽就是一個全球高中生比智商和手速的競賽，因此伊奈帆在戰鬥中展現的全方位能力：觀察力、操作力、快速決策力、情勢判定力，以及利用各種巧妙性質的能力，我都希望可以借用，讓我在資奧比賽中也能贏過對手。

角色三：《Fate》的衛宮士郎

衛宮士郎是《Fate》系列動畫大部分集數的男主角。《Fate》系列的大背景是各個魔法師爭搶一個聖盃的戰爭。根據女主角的不同，《Fate》系列一開始有三條路線，結果大紅大紫，於是後續衍生了各種支線。

在〈Stay Night〉故事線裡的士郎，小時候在一場城市大火中生還。見過人間煉獄的他，決定要做「正義的夥伴」，以此為目標的成長過程，兼具了前述流子醬的勇氣和童年士郎那份最天真單純的善良。雖然他一開始的魔法能力並不突出，但是他從未放棄那一份善良，這也帶領他遇見對的人和對的戰鬥，從而成長茁壯。

和前兩個角色相較，我覺得我的故事和士郎最像。因為我們一開始遇到挫折時，都沒有選擇和現實妥協，而是思考如何努力捍衛童年的自己所相信的那些價值。因此，我想跟士郎借用那份最天真的善良和捍衛善良的勇氣，在這個奧匹故事中當個好人主角。

心理建設好之後，接下來就要面對生活中實際發生的戰鬥了。

B3 三場戰鬥

第一場戰鬥：父母

左腦選定了信念，右腦挑好了價值，我踏上了往資奧前進之路。而這條路上的第一場遭遇戰，就是說服父母即使不和我站在同一陣線，也至少不要變成太大的阻力。

當爸媽發現我把時間都花在寫程式時，一到晚餐時間，他們就會刻意地詢問我的課業表現。「今天上課的內容怎麼樣啊？」「明天的報告記得要做喔！」「還有明天的小考，記得要念書喔！」

幾天後，當他們發現暗示沒有用的時候，就會直截了當地叫我多花心思在課業上。「我知道你想拚資奧，但是學校課業還是要顧！」「人要在各種事情之間取得平衡！」最後，明示、暗示都派不上用場時，爸媽會直接把我叫到房間，把門一鎖，開始連續一、兩個小時的訓話。

我記憶中最高的爭執點，始於一張段考成績單。

由於我把大部分時間都花在準備資奧上，那次段考我各科成績都下滑，其中化學成績成了我和媽媽的爭執引爆點。「五十八分」，在媽媽的眼裡，就是一個不及格的數字，代表我連基本的化學常識都沒有。但是，那一張考卷剛好特別難，全班平均不過六十二分，我覺得五十八並不是很誇張的數字。兩人想法的衝突，開啟了一段火藥味十足的爭吵。

媽媽說，她高中的化學成績隨便都八、九十分，我考這種不及格的分數實在太誇張了。我氣得回嗆：你念的只是某鄉下隨便一所高中，我念的是「新竹第零志願」的實驗中學科學班，我的五十八分還比你的八、九十分難！

就這樣，兩人繼續爭執，往對方身上砸的話語不論有理還是無理，總之都是氣話。不過最後，我有幾句話似乎打中媽媽，讓她一時啞口無言，只能要我回房間睡覺。那幾句話是：

「奇怪，這場仗，賭的是我的一年，又不是你的一年，我都不在意，你到底在意什麼？到底是你們大人輸不起？還是我輸不起？」

第二場戰鬥：老師

第二場遭遇戰，發生在學校。

我想做的這件事情可以為校爭光，原本以為學校老師都會支持，但我錯了。老師們聽到我想要拚資奧，第一反應雖然都很支持，但是當我提出小考、報告或是作業是否可以因此調整，讓我能有更多時間準備資奧的時候，他們卻又會以「課業是本分」為由，要我打退堂鼓。教我課業要先顧好，再考慮其他事情。

其中讓我最悲憤的，非A科和B科老師莫屬。

【A科老師】

我A科程度很好，也有自學的能力，因此我申請了學校方面的免修測驗，希望可以讓我每週多出四小時鑽研程式。豈知，A科老師竟把免修測驗出得特別難，同屆考免修的學生中，最高只拿到八十七分。老師還憐憫似地給我一個免修及格的最低標準：八十分。

我原本想忍著這口氣接受分數，但是媽媽提醒我，如果我的終極目標是要申請MIT，八十分換算後相當於只有B-；如果我拿不到最起碼的A-（相當於九十分），絕對會影響我日後錄取MIT的可能性。

於是，我和班上另外一位參加A科免修測驗、並且也計畫畢業後去美國留學的同學，一起向A科老師尋求調分。豈知原來老師對「免修」兩字的定義跟我們的差距那麼大！

對我們來說，「免修」就是課綱指定這個學期要教的東西我們都學會了，所以免修測驗就是考「這個學期」的範圍，看我們學了多少。但是對A科老師來說，

「免修」卻是學生要展現極端傑出、超凡的A科實力，所以免修測驗必須要考驗學生超越範圍的全方位A科能力。

老師還煞有其事地跟我們說，在其教學生涯的所有學生裡面，只有一位學姊免修曾考到九十分以上，她以研習該科目為樂，該科目的能力非常好，我們應該要向她學習。

我試圖跟老師說明我不是要放棄或逃避A科目，我該科目的能力也很好、興趣也高，但是我有拚資奧的夢想，以及我真的需要更多時間來實踐這個有時間限制的夢想時，老師卻告訴我，這樣我會喪失在A科課堂上跟同學一起學習的機會，而團隊合作的學習很重要……

聽到老師講這些話，我當場急得哭了出來，整個辦公室的老師也都停止各自的對話，豎起耳朵聽我們在爭論什麼。但是，A科老師從頭到尾都擺著一副淡淡的微笑，手中不時撥弄著我和同學的那兩張考卷。

我當然可以每週花四小時寫A科的學習單、做各種測驗、玩老師口中團隊合作的遊戲。我也知道，班上大部分的同學都乖乖地這樣做，學期末也都拿了九十分以上的分數。但是，做了這些而得到的九十分，真的跟老師口中的學姊是同一個水準嗎？

如果不是，那麼我不明白老師用這張考卷和這個分數，讓我和同學站在辦公室急到哭的用意是什麼？更諷刺的是，老師擺出一副想跟我們溝通的樣子，話語的正確性也沒有問題，但為什麼我們倆當下的感覺卻像是被其仗著操控學生成績的能力而玩弄於股掌中的玩具？

【B科老師】

至於另一位B科老師，就像我小學六年級那位導師一樣，是更加赤裸公開的訓話和羞辱。我在一次嘗試說服B科老師的對話，談到我為了拚資奧，甚至不惜休學的信念。但當「休學」這兩個字進到B科老師耳中，老師馬上以可拔山倒樹的氣勢大聲吼叫：「啊？你要休學？」全班同學瞬間安靜下來，所有人都把頭轉向我們這邊。

B科老師於是開始訓話，從「你應該要犧牲你玩樂的時間而不是課業」到「你每天不可能花那麼多時間在同一科目身上」，過程中的每一句話，音量都很大，班上每一位同學都聽得清清楚楚。

我原本以為這只是一次比較「大聲」的失敗的說服經驗而已，但之後當同學在公車上湊到我身旁，小心翼翼地問我：「呃……聽說你要休學？」我才發現這麼大的音量所造成的後果。

我在這段時間所承受的壓力，真的是旁人難以想像，一方面要達到自己規畫的程式學習進度，另一方面還要承受父母和老師雙邊的反對。我只有在浴室獨自一人的時候，才能用淚水把自己追夢初心上的傷口洗淨；獨自搭公車上下學時，再用耳機中的動漫音樂為傷口上藥。

第三場戰鬥：同學

我很幸運，高中班上的同學都是好人，同學間不僅沒有霸凌，還維持著一種搞笑逗趣的氣氛。但是像我這樣的異類，終究還是穿破了班上的同溫層，逐漸被冷落、喪失溫度。

剛入學的時候，我和同學的話題十分相似：課業、體育、社團，我毫不懷疑自己是班上文化的一分子。但是，隨著我花在資奧的時間逐漸增加，我的生活圈逐漸遠離，和同學的距離感也急速增加。

不消幾週，我已經跟不上班上最新的時事和笑話，和同學之間的聊天，也只剩下開頭一句問候語，之後兩方得嘗試看能否戳中彼此感興趣的話題。同學試著跟我聊資奧，但是他實在不懂資訊和程式，於是兩三句話後只好結束。我試著聊老師，卻發現我現在連哪個老師在哪一天對哪個同學說了什麼都不知道，於是兩三句話後，我這方起頭的對話也只得結束。

短短幾週時間，我從班上的核心圈，落到和同學們的對話因為交集趨近於零而如同「相親」般客氣尷尬。我明明屬於這一班，卻已經感受不到歸屬感。

於是，繼父母和老師之後，我陷入了更深的孤獨感，陪伴我的只剩下自己的決心和資奧題目。

不過，和前兩場戰鬥不同，我很快就找到和同學之間的新相處模式。

有一次，全班去爬山，爬到山頂之後在頂峰搭了帳篷，露宿一晚。因為沒有光害的關係，天空中的星星比在市區中看到的多了許多，所以同學們都坐在帳篷前的小廣場上，邊看星星邊聊天。只有我一人，因為沒有辦法加入他們的話題，加上爬山爬得腰痠背痛，獨自躺在帳篷中休息。

但是，當我往同學們的方向一望，那個景象竟讓我感到一份平靜的美好——滿天的星星閃爍著，佐以月光，照亮了同學們的臉龐。月光吸收了他們之間的打鬧聲和歡笑聲後，向我照射過來，以光速配送那份剛出爐的愉悅感。我感覺自己就像身處一齣舞台劇的表演現場，舞台上方的燈光搭配著舞台中間的演員們，為坐在第一排觀眾席的我演出。

那一個晚上，我釋懷了。

舞台劇的觀眾們，和演員一樣都身在表演廳中，卻不需要和台上的演員們有相同的歸屬感。身為觀眾，雖然做在台下，同樣可以愉快地享受整齣戲，甚至台上演員偶爾還會把台下觀眾叫上台參與演出。演員有演員的台詞，觀眾有觀眾的參與時機。

我就算因為各種因素，角色從第一人稱的演員變成了第三人稱的觀眾，但這並不會成為我不能享受的理由，這場戲也一定有屬於我的位置。

循著這個邏輯，我發現了「第三者獨享」的全新對話契機。同學們在班上聊天的時候，我可以以第三者的角度，插入一兩句我的觀察，而這樣的吐槽，客觀、公正、又正確得無可挑惕，讓同學間的脫口秀又有新的菜可以炒。

然而，同學這邊解決了，老師和父母那邊依舊是兩個無解的大問號。

B4 五個一百天

第一個一百天：孤獨與淨化

第一個一百天，一言以蔽之，做的就是基礎建設和方向規畫。

基礎建設，指的是把這條追夢路上的路障移除，讓這條路維持基本的暢通。其中最明顯、也最巨大的石頭，就是來自父母師長的反對聲。

方向規畫，指的是透過觀察選訓營中的高手和相關的學習資源，設立一個長達五百天的日程表，規畫自己在五百天的每一場仗之前，要付出幾個小時的努力、達到怎麼樣的實力、拿到什麼樣的成果。

在確立目標之後，身邊的人聽到我不顧課業也要拚奧匹，都露出吃驚的表情，他們給我的回饋大致落在「非常不看好」和「強烈反對」間，程度雖有不同，但都是負向否定。就算我思考得再清楚，也確立了一個自己可以接受的停損點，並且是真心想做這件事，但是這個價值單一、唯有讀書高的社會對我的反射動作，不是支持，而是投以冷淡得近乎鄙視的眼神。

既然如此，如果話語不足以表達我的決心，在行動上我就一定要堅持下去，透過時間來證明我的正確性！

因此，第一個一百天，我開始學著利用「孤獨」。

原因有二：首先，我身邊的反對意見中，情緒性用語和長輩對晚輩的勸諫態度有餘，支持反方論證的數據和證明卻不足。這樣的聲音，我不願意過量攝取，因為我相信自己縝密的理論和渴望追夢的心是正確的，沒有計算錯誤。因此，我必須透過獨處，把心中每一絲缺乏理論基礎的動搖，用更多哲學性的思考和前述對動畫人物的嚮往來扳正。

其次，由於此階段外界無理反對的資訊氾濫，因此只要我和他人有所連結的時候，都得忙著把每一張反對票遊說成支持票。唯有在孤獨的時候，我才能好好做規畫，思考這一條長達五百天的路途該怎麼走。

若說這段時間最具代表性的自我形象為何，我想應該是公車上戴著耳機聽音樂、看著窗外一言不發的自己吧！

由於家住新竹市區，而實驗中學位於科學園區內，每天我得搭公車上學，跟著竹科的上班潮一起塞車進科學園區。上下學的通勤路上，公車的起站和終站，都是我戰鬥的場所，唯有透過兩站之間將近一小時的「戰間期」，我才能使用名為孤獨的淨化劑，為這段期間傷痕累累的追夢初心消毒、稍作療癒。

關鍵倒戈票：導師林淑真

邁向資奧金牌的這五百天，旁人態度隨時間和我的表現呈現一個非常有趣的漸層變化：一開始是反對，後來變成祝福、支持，最後是看好。

「反對」，是他們會用很強烈的字眼否定我的選擇，甚至付諸行動來阻撓我。

「祝福」，是他們雖然不知道我這條路能走到哪裡，但是也不會插手，只淡淡地給一句話：「我祝福你。」

「支持」，是他們有意識地給予我幫助，或是協助我排除路上的阻礙，想為這個精采的追夢之旅貢獻點什麼，成為這故事的一分子。

「看好」，則是他們會為了看國際資奧比賽的分數板直播，死守在螢幕前，並且緊盯著我的名字和一旁的國旗，熱切地期待著五個小時後我的名次可以落在金牌線以上。

從第二階段的「祝福」到第三階段的「支持」，這個轉變是因為我打了第一場勝仗，跨過了這條路上的反曲點。而從「支持」到「看好」，則是因為我以第一名入選資奧國手，我的成績就是整個代表隊成績的天花板。

然而，讓眾人最初從「反對」轉變為「祝福」的最大功臣，並不是靠我自己，而是我的班任導師——林淑真老師。

在第一個一百天，全世界的人都對我投下反對票時，淑真老師是第一個從反對變成支持的人。獲得她的支持之後，我們一起說服爸媽，接著再和爸媽、淑真老師一起說服其他科任老師、主任，最後才成功完成第一個一百天的基礎建設——排除路障。

第一張倒戈票的存在非常重要，因為擋在面前的巨牆，得先有第一個破口，才能把所有微小的裂痕團結起來，進而產生第二、第三個破口……累積到最後，這面牆才會倒下。少了這第一張倒戈票，我很可能最後會被體制壓得喘不過氣來而痛苦放棄。

在決定拚資奧的戰鬥開始後，我記得有一次上課時，淑真老師把我叫到學校中庭談話，我們進行了一場非常深刻的對話。這場談話將近一個小時，但是我相信關鍵點是在一開始，我第一句話就是斬釘截鐵地跟老師說：「我要當國手，我要拿金牌，然後我要上ＭＩＴ。」

接著我開始仔細解釋我的理論以及規畫，其中當然包含我設立的停損點：「我休學一年都沒有關係，但我就是想知道，在這條路上我全力衝刺一年可以到達哪裡。我可以接受自己無法走到理想的終點，但是我想要知道這個答案。」

身為導師，她在責任上還是要確認一些事情，例如我有沒有被奇怪的人帶壞，或這只是我不想上課、回家打電動的幌子……等。但最後，我那份清澈的決心和勇敢追夢的初心成功打動了老師。

之後，我和淑真老師一起說服父母。爸媽說，他們其實一開始很擔心我會不會走歪，但是若擁有近三十年教學經驗、看過無數學生的淑真老師覺得沒問題，那應該就沒問題。此外，如前述那場和媽媽的大爭執，我不惜人生晚一年也要追夢的決心亦讓爸媽看見，在人生的大輸贏中，一年，其實並沒有什麼了不起。

最後，淑真老師除了鼓勵並協助我主動向其他科任老師解釋之外，也提供了這一百天內我實質上獲得的最大幫助——她幫我爭取到一週五天的上課日可以只上三天，兩天請假在家寫程式。

因為這份幫助，我的實力在這段期間突飛猛進，第一個一百天就達成了我的初期目標：「擠進全台高中生的資訊排名前十名。」

第二個一百天：執行

第二個一百天，我放棄了傳統的平凡高中生活，冷落社交、虛應課業、無視學測，甚至背離了那個曾在師長眼中的模範生模樣。此時，雖然身邊的阻力已清除，但旁人能給予我的也僅有零星的祝福而已。如果說，標誌著第一個一百天的，是物理上的「孤獨」，那麼第二個一百天的象徵，就是心理上的「孤獨感」。

這段時間，我體驗到了最深沉的孤獨感，我感覺同儕、師長、父母，只是站在「奧匹」這條路的入口，靜靜地看著我，不時投以看待迷途羔羊般的眼神。而這條路，雜草叢生、崎嶇坎坷，我的每一次跌倒或受傷，都得咬緊牙關、吞下淚水，靠自己撐下來。十六歲的脆弱心靈，好幾次都差點繳械投降，好幾次都準備掉頭回到大多數人走的那條安全、穩定的升學之路。

但是，我選擇繼續堅持。動畫《遊戲人生》中的主角說：「弱者的『弱』，是他最強的武器。」最初看動畫時，我只感受到主角話語中因應情節和場面的振奮和激昂；但此刻，我對這句話有著再深刻不過的認同。

選訓營的失利，讓我真正體會到自身實力的渺小和天分的不足。或者說，因為被高手「電爆」了，才開始認識到自己的「弱」。落榜的那天，我便明白，夢想和傳統的路，我只能挑一條走下去。因為我的實力和天分，不足以支撐自己讓「奧匹」和「課業」兩全其美。

從中選定自己的路之後，這份「弱」，讓我非常戒慎恐懼，一定要竭盡全力專注在這條路上。因此，即使父母或師長要求我多花心思在課業上，我卻每一分鐘寫程式的時間都不敢犧牲。偶爾覺得想玩樂、耍廢的時候，只要螢幕離開寫程式的介面五分鐘，愧疚感和恐懼感就會油然而生。

如果說，「奧匹」和「課業」各要一百分的得分才能達陣，我最害怕的就是自己的實力和天分總共只有一〇一分，只要我在這條路上退讓一點，哪怕只是兩三分，就會落得兩頭皆空。因此，我才堅持用最嚴苛的標準鞭策自己努力，因為每一分的退讓或懈怠，我都輸不起。

最後的事實也證明，這五百天來，好幾次，我距離失敗真的都只差那一分、甚至零點一分。但是我持之以恆的努力，終究在最後一刻趕上場，成功救援。

第三個一百天：轉捩點（第一場勝仗）

前兩百天的縝密規畫和努力執行，終於迎來了第一場勝仗。和我最初的預期一樣，奧匹果然是「十年寒窗、一舉成名」類型的競賽。

我和隊友在二〇一五年「國際青年程式競賽」（International Schools Software Competition，簡稱ＩＳＳＣ）的國內選拔賽中拿到了全國第一名的佳績，獲得國家代表權，可以出國比賽。那場比賽，我們和第二名的差距並不算大，不過小贏也是贏，總算能在我的五百天日程表上打下第一個勾。

這場勝仗是旁人態度從「祝福」轉變成「支持」的轉捩點。

我們一回到學校，就突然發現自己的名字上了榮譽榜，老師們也忽然開始願意和我聊資訊比賽的準備，甚至已經開始規畫把「何達睿」三個字掛在校門口川堂「實中之光 Hall of Fame」那面牆。

霎時間，我也成了同儕間的風雲人物，就連對資訊一知半解的同學們，也開始圍觀我和隊友們在教室角落指著筆電、討論程式的情景。

而因為開始獲得一些身邊的認可，我內心的孤獨感因而減少許多，事情也變得較為輕鬆。在為ＩＳＳＣ國際賽備賽的期間，不管是向學校請公假，還是請老師在隨堂考方面給予通融，都變得容易許多。

但是我很困惑：為什麼一定要有成果才能開始支持我？

所有人都很願意在我把一變成二的路上伸出援手，但是我從零變成一的過程才是最需要支持的啊！

我很慶幸自己並沒有被學校和長輩的壓力壓垮，但是誰知道這樣的態度摧毀了多少其他年輕人的夢想？

第四個一百天：新的光亮

一年過去，我再度進入TOI台灣資訊奧林匹亞選訓營。

三百六十五天後，當初那個讓我相信這條路是個美好故事背景的場面，再度與我重逢：整個教室坐滿了和我一樣熱愛日本動畫的高中生，一起隨著教室前方投影幕上劇情的喜怒哀樂而產生共鳴，並不時傳來筆電鍵盤的敲打聲，同時穿插著資訊奧匹特有術語的討論聲。

在教室的自由時間，我又回到去年的自己，隨著螢幕上的動畫情節情緒起伏、時而吐槽，和其他熱愛資訊的同儕們一起燃燒智商、解決程式難題。

但是在考場中，卻是截然不同的故事。這一年努力累積的實力和賽前設計的戰術和策略，一個個派上用場，名為分數的高牆也一面面地應聲倒下。然而，賽前盡力規畫是一回事，看著自己的規畫完美發揮，但同時看到曾經高不可攀的戰友們被淘汰，卻又是另外一種複雜的感受。

這一年來，我以去年選訓營戰友們走出考場時的哀號為原料，發展出一套優化到極致的比賽策略。一年過去，我用這樣的比賽策略取得壓倒性的勝利，然而走出考場時，卻又從一模一樣的戰友口中，聽見跟去年一模一樣的哀號。

但當我真的嘗試把這樣的策略分享給他人時，或因為來不及在下一次考試前學會、熟練，或因為同領域相輕的那股自滿，抑或因為敗北後的賭氣，他們似乎都把我分享的策略當成高手講述發電故事一樣聽而不聞。

於是乎，經過兩階段共四場考試的洗禮，我的抗壓性變得更好，也以和第二名極大的差距拿下了國手第一名——「TWN1」的稱號。

不過，這段期間有個插曲，即使策略和計畫再完美，實力磨練得再堅強，我一度在賽事中差點崩潰。

小頭目戰插曲：在廁所崩潰

二〇一六年三月二十六日，TOI第一階段選訓營第二次考試。我第一次考試時的成績是三七五分，和另一位來自建國中學的選手並列第三名。因此，進入第二次考試的考場時，我的心情相對平穩，畢竟只要按照這個成績穩定發揮，就可以順利入選國家代表隊了。

開賽時，我反射動作似地把自己的模板（template）寫完，之後快速在共計五題五百分的題組中，找出教授指定的考古題，照著五天以來練得滾瓜爛熟的滿分解法快速寫完，把程式碼上傳「評分系統」（CMS），然後盯著「評測中……」的訊息框。

盯著盯著，就這樣，一分鐘過去了。

我略感困惑，為什麼CMS沒有像上次一樣，十秒內就回傳評測訊息？但我心想，這樣就是扎實的一百分入手了，因此並沒有繼續等待CMS回傳評測訊息，直接開始閱讀其他題目。我挑出了兩題看起來不太難的題目，速速想出各自的演算法，三兩下就寫完程式碼上傳。這次考試有著這麼順利的開場，當下我的心情是愉快的……直到看見ＣＭＳ的評測訊息，更精確地說，是看見ＣＭＳ回傳「無法評測」的訊息。

奇怪，我從來沒看過這種訊息啊？與此同時，教授走了進來，宣布伺服器故障了。因為無法負荷三十位選手的程式碼，故障了。難怪剛剛我等了一分鐘都等不到訊息。

我把三題的評測頁面都打開來。瞬間，原本摻著些微困惑的愉快心情，被驚訝、緊張和壓力淹沒。

「34/TLE（三十四分／超過時間限制）」、

「0/WA（零分／答案錯誤）」、

「100/AC（一百分／答案正確）」。

扣除「無法評測」的程式碼，我只拿到一三四分。更糟的是，伺服器正在維修中，無法上傳程式碼。我強迫自己把情緒壓下來，開始分析「災情」，但反而更添困惑。

那道考古題，我試過國外的評測系統，除了有時候粗心打錯一、兩個字元而造成0/WA，其他都是100/AC啊！怎麼會出現34/TLE這種結果？同樣的程式，怎麼國外大學的伺服器跑得完，師大的跑不完？這樣我不就得從頭構造一個更有效率的演算法？

另外一題，明明是簡單題，怎麼會一分都沒有？程式碼不到四十行，我不可能寫錯啊！是他們的伺服器故障的關係嗎？還是我不小心上傳了另外一題的檔案？到底是哪裡出錯了？

這一刻，我的左右腦都被情緒占據，罷工著，拒絕思考。一年前的我，拿不到預期的分數便會束手無策，不知道接下來該怎麼辦。還好今年，我在賽前列出我所有想得到可能會發生的情況，並且想好各自的對應之道。

我快速在腦中翻閱這份記憶中的SOP（標準作業程序）：「按照簡單到困難的順序來嘗試題目」、「沒有拿到預期分數時，應該首先檢查自己對題意的理解，再檢查程式碼」。

那道考古題是二〇一五年國際賽的題目，難度比較高，因此我先檢查另外那題簡單題的題目。果然，我漏看了一個寫在「輸入格式」段落中的條件。還好只是格式的問題，我只花了兩分鐘就把程式碼改完了。

接下來，我開始嘗試另一題中等偏難的題目。因為難度的關係，撰寫程式碼花了我不少時間。就在我寫完八成左右的時候，教授走進來宣布伺服器修好了！我趕緊把修改完的簡單題程式碼上傳。

「評測中……」

「0/WA（零分／答案錯誤）」。

這一刻，十六點五十二分，距離比賽結束還有八十八分鐘。按照第一次考試的成績估計，若想進入十二人晉級名單，我這場考試至少得拿下三百分。三百二十分鐘的比賽，只剩下四分之一左右的時間，我卻只拿到一三四分，連三百分的一半都不到。此時──

我想起，去年落選的自己；

我想起，決定犧牲一年來追逐夢想的自己；

我想起，跟拿著段考成績單的父母吵架的自己；

我想起，為了請假練習題目，跑遍整個學校找老師溝通協調的自己；

我想起，在全國資訊學科能力競賽拿下第一名、一戰成名的自己；

我想起，選訓營報到時，因為被其他選手視為強敵，而暗自竊喜的自己；

我想起，踏入這個考場時，想著前四名國手名單的自己；

然後，我再度想起——去年落選的自己。

我垂著頭站起身，狼狽不堪地把身體擠出考場大門的門縫，藉著牆壁的扶持，把我帶到走廊尾端的廁所。進廁所後，耳邊響起彷彿不屬於我的嘶吼聲，地板上滴著不該屬於我的眼淚，胸口滿溢著不應屬於我的情緒——

尖叫、哭泣、不解、壓力、恐懼、失望、挫折……這些都不屬於我，對吧？

我只要把它們發洩到馬桶裡，沖水，我又是那個充滿自信的自己，對吧？

所以，你們聽話點，快走啊！我還要比賽啊！

「……」

你們怎麼還不走？我還要比賽啊！

「……」

我求你們行行好，快走吧！我還要比賽啊！

「……」

瞬間一股火氣湧上心頭——

「它要緊張，就讓它緊張啊，幹！我還要比賽啊！」

砰地一聲，被狠狠甩開的廁所門，目送著一個再度武裝起來的背影離開。

我回到座位，看向螢幕右上角，十七點零四分。還有七十六分鐘。之前口口聲聲說著我輸得起，但直到這一刻我才真正說到做到——三百六十二天前在同一間教室戰敗的我，不會讓三百六十二天後的自己認輸。

這七十六分鐘，我要創造不可能。

被情緒擠得水洩不通的腦海中，我竭力把心思集中在腦中演練過多次、針對各種狀況應變的那份ＳＯＰ。我再次重看題目，發現一個例外情況，我把「大於」

看成「小於」了。這時，憑著總計兩百萬字程式碼的經驗，手指自己動了起來，在大腦忙著處理情緒而無暇發號施令的時候，默默地找到了對應的程式碼片段，在我意識到之前就修好、上傳了。

「評測中……」

「100/AC」

二三四分。

根據SOP「由簡至繁」原則，我接著把那個完成八成的程式碼寫完、上傳。

「39/WA」（三十九分／答案錯誤），跟我預期的分數一樣。

二七三分。

由於這次考試的最難題，難度更甚於國際賽的考古題，我先嘗試把考古題穩穩拿滿。我再度搜尋腦中的SOP，找到對應策略：「一個做法已經花了很多時間優化，但是分數沒有成長時，就代表有更簡潔優雅的做法。這時應該放下成見，從零開始發想全新的做法。」

這個做法，五天下來已經被我優化到極致，所以我毅然決然放棄原本的做法。我開始挖掘考古題公布以來的記憶，嘗試從中找出一點提示。最後我想起兩位選手在講台前討論這題時，依稀記得他們提到「浮點數」、「log」（對數）……

在有提示的情況下想題目果然特別簡單，沒多久我想到另一個滿分做法。我本能地把會用到的資料結構寫出來，再引入「數學函式庫」中的對數函數，這些動作，通順得有如一步到位、渾然天成。

上傳，「100/AC」（一百分／答案正確）。

三三九分。

現在只剩下十二、三分鐘了，因為「放棄『不可能拿到的分數』和穩穩拿下『拿得到的分數』一樣重要」。看見時間吃緊，最後一題，我決定只解最簡單的那部分。我趕在時間結束之前，想出解法，並寫出程式碼。連檢查的時間都沒有，測試完就趕緊上傳。按下上傳鍵的同時，我朝螢幕右上角瞥了一眼，現在是十八點十九分，距離比賽結束還剩一分鐘。

「評測中……」「評測中……」「評測中……」

「23/WA」（二十三分／答案錯誤）。

「比賽結束，您的總分為三六二分。」

考完試的晚餐時間，我聽見其他選手們談論著各自在賽中的慘重「災情」，其中不少情況，我賽前在SOP中都預想、預演過。突然間，隔壁餐桌鼓譟了起來。原來考試前和我並列第三名的建中選手在這次伺服器故障的突發狀況影響下，只拿了一三二分，遺憾地掉出了十二人晉級名單之外。

這時，眾人把注意力轉移到我身上，只剩下我還沒有報分數了。我報上自己的分數，心想這次表現差強人意，結果眾人譁然——

三六二分是當天全場的最高分。

經過這次經驗，我的抗壓性和應變時的心理素質又提升了好幾個等級。

第五個一百天：新的壓力

回到學校後，我發現旁人的態度從「支持」轉變成「看好」，期待我能在IOI國際資訊奧林匹亞競賽摘下一面金牌。

曾經，身邊的眼神，是反對和冷漠，我當然選擇別過頭去，不讓自己過量攝取；但是現在，同樣的一雙雙眼睛，散發出的是期待、是看好，我卻沒有拒絕的權利。「TWN1」稱號乘載的那股全新壓力，我必須一肩扛下，沒有逃避的餘地。

然而，IOI的戰場，和兩度參與過的TOI台選訓營擁有截然不同的特性。在台灣，常考的題型和廣泛流傳的工具就是那些，只要全部熟悉，剩下只要穩定發揮就好。

此外，在台灣的競爭對手都非常相似，除了我之外，大家都是從傳統的升學體制中擠出時間來鑽研對資訊科學的興趣，因此大家在資訊科目上花費的時間量級相去不遠。我只要不比他人笨太多，基本上對於要花多少時間努力才能趕上，還是可以大約估算出來。

但是放眼全球，題型和工具何其多，升學體制也五花八門，一線資訊強國如美國、俄羅斯、中國，又有人口基數的紅利和從小開始培養的高經驗者，要怎麼打敗他們，我一點概念也沒有。

也因為TOI和IOI的差距太大，我必須想出全新的策略。最後，我成功發現了新的方法，並以此打造為IOI量身定做的戰術，最後成功拿下金牌（世界第八）的佳績。這些戰術和背後的邏輯與哲學，會在後面章節詳述（見第E章）。

十年寒窗、一舉成名

五百天前，我決定追逐夢想：當國手、拿金牌、上MIT。

四百天前，我放棄了平凡的高中生活，把社交、課業、學測都暫放一旁。

三百天前，為夢想付出的一切，終於迎來了第一場國際賽勝仗。

兩百天前，我在嚴重感冒、抱病上場的情況下，仍拿下資訊學科能力競賽的全國第一名，保送TOI，再也沒有人能夠否決我的決定、小看我的決心。

一百天前，我以最高的成績從ＴＯＩ結訓，獲選國手，曾經扛下每一張反對票的肩膀，現在轉而背負著每一雙觀眾席上殷切期盼的眼神。

而現在，我撫摸著陪我走過一切的這把鍵盤，回想著五百天來的一切，在考場中等待ＩＯＩ二〇一六比賽開始……

前面最後一段是騙人的。

「走過一切的這把鍵盤」，是假的。當選國手的隔週，我就買了一把新的機械式鍵盤，準備帶去ＩＯＩ。先前使用的那把廉價薄膜式鍵盤，是為了模擬ＴＯＩ電腦教室的鍵盤，要我把夢想最關鍵的這一步賭在它身上，門都沒有。

「回想著五百天來的一切」，也是假的。有了在師大選訓營廁所崩潰的慘痛經驗，賽前又進行了那麼多次的考古模擬賽，我早就發現想東想西會讓自己壓力很大，進而影響比賽。現在的我，正輕輕哼著最近聽的動漫主題曲，轉移注意力。

不過，最後那一句話是真的——

「大會廣播：比賽正式開始！」

大頭目戰：IOI決賽

【第一場比賽】

IOI的賽程設計，是兩場「三題五小時」型的比賽，每題有難度不等的部分分數，共一百分，三題共三百分。由於賽中選手不允許觀看計分板，所以要得知自己在所有選手之間的排名，只能透過兩場比賽之間的四十三小時「戰間期」。這段時間，選手們也只能看得到彼此在第一場比賽的表現。換句話說，第一場有著「定錨效應」，比起第二場更為重要。

第一場開賽，我先看了三題中的A題，想了三、五分鐘，發現難得很不合理，便回去重看題目，果然發現自己漏看某個條件。有了這個條件，這題就變得非常簡單，開賽三十六分鐘就順利獲得了一百分。

接著我看了剩下的兩題，並把部分分數分類。初步判定的結果非常奇怪，這兩題的難度分配竟然都呈現M型，我只有判出「易」的部分跟「難」的部分。我覺得這不可能，一定有哪個「中」等難度被我誤判成「難」了！但是兩題交替想了超過一個半小時，卻都無法看出哪一個難的部分有做得出來的跡象。只好先把易的部分搞定，剩下再看著辦吧！

又過了一個半小時，距離比賽結束還有七十分鐘，兩題「易」的部分都到手。其中，B題解法隨著輸入，執行時間會呈現指數成長，怎一個慘字了得！反而C題解法的執行時間，跟下一筆分數的差距只有十倍左右，我覺得很有機會拿下。不過我還是謹記SOP章節中第四項「卡題太久，來不及寫其他題目」的慘痛經驗，謹記著全新出發點的重要性。因此，原本設計的「二十分鐘交替想」（參考第一七八頁），我改成了C題二十至三十分鐘、B題十分鐘來交替思考。

就這樣，一個小時過去了，兩道巨牆還是絲毫沒有倒下的意思。我抬頭看向時鐘，下午一點五十分，也就是距離比賽結束只剩十分鐘。經驗上，「中」難度以上的分數，從發現全新的做法到寫出相應的程式碼，最少也要十來分鐘。認輸的心情油然而生，我開始把文具收回鉛筆盒中，準備收工了。

但是，在把最後一支鉛筆收回去之前，我看見了——看見在最絕望的漆黑中，才能看見的、最微小的那道光線。鉛筆擺放的方向，正好指向一個全新的出發點。

瞬間，我腦中浮現一個解法，是一個簡潔得美妙至極的數學解。

當下已經管不著剩下幾分鐘了，我把雙手甩回鍵盤上，一邊改寫所有舊的函式，一邊在腦中推演該解法的細節。八分鐘後，那份殘破不堪的程式終於動了起來。但剩餘時間已經來不及測試，我選擇直接上傳。結果評分系統竟然在這個時候過載，無法上傳。此時我腦筋一片空白，只能焦急地不斷刷新評測的頁面。

兩分鐘後，螢幕右上角顯示下午二點，比賽理論上應該結束了。但是這時評分系統活了過來，大會也臨時決議將比賽延長五分鐘。我再次上傳，十秒後迎來的是：「0/WA（零分／答案錯誤）」。我用高於平常數倍的速度瀏覽著自己的程式碼，終於發現了一行算式的微小瑕疵。重新算出正確的結果之後，我將這一行改寫。

在開賽五小時零二分五十三秒，距離結束只剩下兩分七秒時，我用全身的力氣，按下了上傳鍵。接下來的十秒，我感覺整個世界都凝結在螢幕上「評測中……」訊息的那幾個點。

終於，十秒後，價值三十三分的那道巨牆，倒下了。我放下心中的焦慮和懸念，吐出憋了十秒的那口氣，用力地拍著胸脯、大口呼吸。賽前幾百個小時的準備，總算在最後一刻趕上，發揮了用處。

結束後，我走出考場，分數板顯示我的排名為八，比二十六名的金牌門檻高出三十三分。而並列第二十六名的人數竟然多達二十三人。也就是說，足足有二十三人被擋在那道牆之外。此時，考場大門前的其他選手也都聚精會神地看著分數板，有的因為好成績而雀躍，有的臉上寫滿失望和沮喪。然而，我卻能在欣喜之餘保持著冷靜。

因為，在第一場比賽大幅領先金牌門檻的分數板，我已經在賽前第二週和第三週的考古模擬賽時看過了。我很清楚，現在該做的和那兩次並無二致，就是在下次開賽前的四十三小時內，想好下一場的賽中策略，並確保自己身心狀況穩定正常。

【第二場比賽】

四十三小時後，我又坐在先前同樣的椅子上，等待比賽開始。兩天來規畫的策略早已熟記，閉上雙眼就能清晰無比地看見。我的目標是金牌，而現在我領先三十三分，意思是：就算第二十六名今天超穩定發揮，可以把每題「易」和「中」難度的部分全部做完，我今天也能放棄掉多達三十三分的「易」、「中」分數。因此，只要「易」的部分和占分較重的「中」的部分都到手，就是金牌。

比賽開始，我檢視各題部分分數的分布。前四十分鐘，確認了A題有八十分「易」、十分「中」、十分「中偏難」。接下來的三十分鐘，確認了B題有四十九分「易」、五十一分「中」。代表這個「中」難度題不能放棄，一定要做出來。於是我直接趁著開賽精神好，把這題「中」解決了。

接下來看C題：二十五分「易」、三十五分「中」、四十分「難」。這三十五分有點尷尬，我不太確定有沒有放掉的本錢，但是至少確定了A題的八十分「易」和C題的二十五分「易」都是必拿。

花了一個多小時，拿到了這一百〇五分之後，比賽剩下約兩小時。因為C題剩下的三十五分大於A題剩下的十加十分，我接著嘗試了C題的三十五分「中」，意外發現作法和前面二十五分相去不遠。花了四十五分鐘左右，三十五分到手。

至此，比賽剩下一個多小時，而我已經幾乎確定自己目前的成績就是金牌了，心情上輕鬆不少。接下來就試著改進A題的二十分，能拿幾分是幾分。

不過A題的程式碼非常長，包含兩個很龐大的函式。我光是前面八十分的解法，就寫了一個多小時。此刻腦力又已經全速燃燒了近四小時，精神上略顯疲態。這時，就很適合採取下述的「分段存檔法」。

我先花半小時優化第一個函式，上傳。十秒後，評測系統回傳「八十分」。很好，和之前同樣分數，代表這段程式碼沒有改錯。

接下來，我再花十分鐘優化第二個函式，上傳。這一次，系統回傳「〇分」。因為剛剛完全沒有動到第一個函式，所以一定是第二個函式寫錯了。我回頭檢查程式碼，果不其然，發現了bug，花了五分鐘修正後，又回到八十分。

最後處理一下兩個函式之間的交互關係，以及程式的其他小地方，終於拿到了預期的九十分。此時，距離比賽結束還有十四分鐘。這時，我還盯著螢幕上的第二個函式，並發現了一個效率上的瓶頸。這麼短的時間，我還有一次機會，但也只有一次機會。我努力擠出最後一絲腦力，尋找改進的方法，並且想辦法在比賽結束前改完程式碼，終於在四小時五十四分四十七秒，距離結束時間僅剩下五分十三秒時，孤注一擲地按下上傳。

十秒後，評測頁面顯示「100/AC」（一百分，答案正確）的瞬間，我連握拳慶祝的力氣都沒有，整個人虛脫無力地癱在椅子上。

出了考場後，我看了分數板，發現自己又是第八名。這個名次，甚至超越了許多資奧一線強國，如美國隊、韓國隊等所有選手，在我前面僅有三個中國選手、兩個俄羅斯選手、一個日本選手和一個加拿大選手。同時，教授們和領隊都跑過來恭喜我。

原來，這是台灣參賽有史以來的次佳成績。在我之前的，只有拿過數奧、物奧、資奧的三金得主王思博，他二〇〇九年參加ＩＯＩ排名第六。

奪金之後

兩場精采的大頭目戰就這樣結束了。在意識到之前，我已經坐在頒獎典禮的會場中等待上台領獎。走上頒獎台、沐浴在閃亮鎂光燈中的我，嘗試擠出一絲絲的感動和成就感，但心中卻平靜得荒唐。

正式比賽之前五十小時模擬賽中體驗的四次摘金，竟使我對正式賽的金牌感到平凡無奇，這個副作用真是出乎我意料之外。一直到賽後的慶祝行程，在心中默念了第一千零一次「我真的拿到金牌了」，我才漸漸感受到胸前那一面獎牌沉甸甸的實感。

我試著為這樣的結果下一個結論，我成功奪金的原因是什麼？是因為沒有其他的競爭對手（高中生）願意為夢想犧牲這麼多嗎？或是因為我發現比賽除了天分、實力之外，還有其他可以掌握、精進的因素？抑或是因為，不管是賽場中的題目，還是現實中的人們怎麼阻撓我、否定我，我腦中縝密的演算和推演的決策，總能說服我繼續相信自己的實力和決心，直到最後一刻？

起初，我嘗試在以上三者中選出最佳解答，卻發現它們都正確得無可挑剔。直到在海拔一萬公尺的回國班機上，我才看見一個站在更高角度的共解——因為我打從心底喜歡好故事。

因為我打從心底喜歡好故事，所以才會如此著迷於日本動畫，能夠夜以繼日地「追番」。因為我打從心底喜歡好故事，所以我在夢想落空的時候，不願意放棄，而是像動畫中的主角一樣，緊緊握在手中，更加努力地追求。也因為我真心喜歡好故事，所以我才相信動畫中的那些美好價值：「努力」、「決心」、「毅力」、「勇氣」、「智力」，一定也能給我一個美好答案。

更因為如此，所以在全世界都對我投下反對票的時候，我才能相信這些外界的反對和阻力也是成就一個好故事的必要條件，才能像動畫主角一樣堅持下去。為了活出一個好故事而付出一切，只為了證明好價值能推導出好結局。

這五百天的旅途，遇到岔路時我總會選擇自覺更精采、更有趣的那一邊。走到終點時，我才發現這些更加「精采」的選擇，對我來說恰好都是更加「正確」

的選擇。國際資訊奧林匹亞競賽的出題教授，往往也會選擇那些擁有精妙解法的題目。我想，如果世界上有神的存在，祂大概也會在朝向正確的道路上種下名為「精采」的小花吧！

就這樣，我花了五百天，努力地活出了一個好故事。得出這個結論後，我決定寫一本書。其實寫這本書背後的邏輯很單純：如果我看了一部好動畫，我一定會推別人入坑，讓他們也能看到這部動畫。今天我活出了這麼好的故事，我不能接受它只停留在我身上，我必須把它分享出去。

C　我看到的事情

C1 對觀念和制度的思索

關於「自律」

不管是父母、師長、朋友或我自己，都覺得我是一個高度自律的人。我覺得還是要先培養「自律」的習慣，才能讓小孩放手追求人生。因為他的「自律」不會讓他亂做事。

另一點是「為自己的人生負責」的觀念。我記得爸爸在我國中畢業的時候跟我說：「國中之前，爸媽會幫你導航人生。但是高中之後，我們就把人生的方向全盤交還給你。」

關於「耍廢」

我覺得「耍廢」是人類生存的必需品。就像每個彈簧都不能無限制地永久伸展，每個人終會有彈性疲乏的一天。套句老話，畢竟「休息是為了走更長遠的路」。

但是，如果完全看不到屬於自己的路，你我還能將這句話付諸實現嗎？其實對一般學生而言，這是個共通的問題。現有體制注重碎片化知識的熟練和記憶，學生很難從中直接發現人生的志向。如此一來，反正不管是「課業」或「耍廢」都沒有方向感、都不知道自己在做什麼，學生當然會選擇活得愉快一點！

唯有靠著自己找到人生方向的少數人，因為知道自己要做什麼，並且做了之後會到達什麼地方。這樣的人，「課業」和「耍廢」在心中已經差異化，就會自然地開始控制耍廢的時間，正如我拚資奧的五百天中絲毫不敢懈怠。

關於「叛逆期」和「人生方向」

小孩成長為大人的過程中，通常會有這樣一段時期存在：「叛逆期」。家長們可能會覺得這段時間的小孩特別難溝通，而且會開始做一些奇奇怪怪的事情。

但是我覺得這並不是因為小孩本質上變壞了，而是要開始尋找自己人生的定位。

我覺得，因為長大了，會自然地想要扮演一個更大的角色，而這樣角色擴張的傾向總要有一個開口。所以其實一般說法中所謂「彈樂器／算數學／學畫畫／比奧匹的小孩不會變壞」，都可以歸結成一句話：「找到方向的小孩，不會變壞。」所以如果我是家長，我會幫助小孩嘗試各種可能的興趣和專長，並且根據各個項目的反應和效果來鼓勵、培養。

而如果從長輩身上找不到這樣的答案，我們自然就會尋求同儕間的支持和鼓勵。只要同儕間沒有壞人，其實這也不是壞事。畢竟家長們也給不出一個好的答案，不如放手讓小孩自己追求，只要在危險的地方適時拉一把即可。

關於「學習」

我認為學校的每個科目都是一棵樹，而學生們就是一群充滿好奇心的小孩。理想中，我看見一棵漂亮的樹，就會從樹幹開始往上爬，遇到枝幹分岔處，此時若出現一隻瓢蟲，就會吸引我往那個岔路走去。而我在找尋那隻瓢蟲的過程中，逐漸把樹枝的每片葉子和每朵花都看了一遍，對這棵樹的認識也越來越多。最後，太陽要下山了，媽媽在樹下催我回家吃飯，不管有沒有找到瓢蟲，我都能夠心滿意足地爬下樹來，疲累但快樂地結束這一天。

但是現實中，我們對於每一棵樹的認識，卻被硬生生地分成了〇到七十五級分，老師們礙於時間的壓力，沒辦法帶著學生一棵棵樹慢慢爬，只能把樹上所有葉子、花朵和果實都搖下來，壓進標本簿裡面。原本留給我們的爬樹時間，也被切成了豆腐狀的課表，老師們扛著一簍簍的標本，要我們在五十分鐘內把每一頁都記下來。

這樣做的結果，就是考試時隨機抽考幾片葉子，學生們都答得出來。看起來似乎每個人都很了解這棵樹，但是卻沒有人享受到爬樹的樂趣。

舉個例子，國文課在作文練習的時候，所有學生都照著老師上課講的ＳＯＰ開始「建樹」：前十五分鐘腦力激盪，根據題目的引文勾勒出一個盡量好看的枝幹結構；之後三十分鐘開始「長樹」，把上課教的葉子、花朵和果實，挑幾個漂亮、對題的黏上枝幹；最後五分鐘開始「修剪」，把錯字、錯詞修正，並隨著靈光乍現，不時插入幾片好葉子。以我個人的語文能力來說，這樣的流程在我能消化、處理的範圍裡，但是拿這個分數的意義何在？

上了十二年的國文課，我已「建樹」上百，但我遲遲到了開始動筆寫這本書的時候，才看見了名為「國文」的那棵樹。

「轉化」、「對比」、「摹寫」，國文課教會我辨認這幾片葉子，但是當我開始寫書的時候，為了說出屬於自己的故事，我覺得某些場景特別重要、需要特別刻畫，於是開始認真思考此時該黏上什麼樣的花朵和果實，才能把這個場景呈現得最好；也才開始對每種不同的修辭進行試誤，進而發現它們各自的效果和彼此間的影響。

關於「學科外的課程」

我不是一個不重視或不懂得欣賞音樂、藝術、體育等術科的人。事實上，在這五百天的旅途中，我常常利用音樂和藝術陶冶心靈的能力來安慰自己、為自己療傷。但是如果我有機會回到那五百天的最開始，再重新做一次決定的話，我還是會選擇壓低花在一些課程的時間。我當時對不同學科、術科的取捨安排並非代表我對該項科目的喜愛或重視程度。這樣的抉擇有三個決定性的因素：重要性、急迫性、可替代性。

【重要性】

這其實是一個影響範圍非常廣泛的因子。舉個例子，美國高中開放學生選修課程的時數比台灣高中多非常多，而台灣高中的必修課程時數則壓倒性地多過美國高中，就是因為兩地教育決策者重視的東西不同。

台灣主張通才教育之外，升學主義的影響也很大，因此學測五科、指考十項，每種都必須有，一個都不能少。而美國，雖然也重視博雅教育和通才教育，但因為個人主義（individualism）的影響，學校會更加注重學生自主抉擇的能力與權利。

所以關於「學生的課表該如何分配?」這樣的問題，兩地老師給出的見解會有許多差異。我以自己的例子來做進一步的說明。

當我決定要朝資奧前進的時候，為了最大化運用時間的效率，針對時程表上的每個項目，我必須在心中排出一個重要性的順序。我是一個非常重視「夢想」的人，所以它分配到的時間最多。其次重視的是「高中不可以肄業」，策略上我想花最少的時間確保最多的學分，所以剩餘的時間安排是依照各科的學分權重分配的。有些科目因為只占半學分，在這個重要性的順序清單上自然落在後面。並不是因為我討厭或排斥這些學科，而是我策略上的安排使然。

【急迫性】

「我人生中的第一個夢想」，這個項目在我心中的急迫性為何?對於二〇一五年三月二十九日的我來說，答案是三百六十二天。三百六十二天過後，二〇一六年TOI結業式那一天，就是這個項目的死線(截止日期)。死線那一刻沒有達成，就過期了、失敗了、太遲了、全沒了。但是，「培養藝術素養」和「鍛鍊體能」呢？我的答案是一輩子。

換言之，這些科目沒有死線。我此刻雖不做，對於下一刻的我，並沒有什麼急迫性的損失。這樣的能力學習，永遠不會太晚。

【可替代性】

同樣的，「我人生中第一個夢想」的可替代性為零。「第一個」這個前提讓這個夢想獨一無二、無可取代。對我來說，即使是資奧在大學階段最相近的國際賽事：美國電腦協會主辦的ＡＣＭ國際大學生程序設計競賽（ACM-ICPC），在競技程式領域對我的意義只有資奧的三分之一。

另一方面，許多科目在高二、大學，甚至出社會之後，還有各式各樣的學習和體驗途徑。達成後者的時間和方法何其多，但是資奧卻在時間和方法上都僅此一途。

和我同班的 S 同學，對於 C 科的國際奧林匹亞競賽頗有興趣。不過，和我不同的是，他選擇把學校課程安排在 C 科奧匹之上。想當然爾，他的學業成績好很多。不過，他的選擇也導致他遲至高三才入選 C 科的奧林匹亞競賽選訓營，但最後很遺憾地沒能入選國手。

我清楚記得他在落選一兩週後的社群媒體貼文，說他即使過了好幾天，睡前想起他奧匹的夢想，還是會難過得哭出來。

我倆重視的東西不同，對於急迫性和可替代性的標準也相異。但相同的是，我們都必須為各自的價值觀所做的決定負責；我們都曾為犧牲的那一邊付出過淚水，也都在努力的這一邊有所收穫。人生最終結算時究竟孰好孰壞，只能讓時間來揭曉了。

關於「教育體制」

五百天來，我對於台灣升學體制的看法，有三溫暖一樣的轉變。

在這五百天之前，雖只是個高一學生，我已經耳聞許多抨擊教育體制的聲音。但由於自己走的路一直與體制並行，表現也很好，並沒有受到太多阻力或傷害，老師大多都喜歡我，因此之前我很少就此點進一步思考。

但是，當我把生命中的方向盤猛地一轉，朝著另外一個方向前進時，馬上感受到拔山倒樹而來的阻力。這五百天中，因為我不知道自己是一〇一分還是一九九分，所以策略上，我的時間和腦力資源的分配會是「奧匹為主，其他再說」。但是，身為一個名校學生，我每週必須待在一個「課業為主，其他再說」的地方長達四、五十個小時。兩個想法的衝突，注定是一場吃力不討好的硬仗。

最開始的時候，我需要取得更多的時間來念資訊、寫程式。因此，當時我跑遍每一科科任老師的辦公室，說明我的想法和決定，請求老師在請假、小考，或是作業方面給予通融。然而，我不知道是基於管理方便，還是傳統思想的僵硬，他們竟不約而同用反射動作般的速度賞我一個「但是」。

「但是，這個章節你一定要會！」「但是，這個小考你不能不考！」「但是，這場實驗你不能缺席！」「但是，團隊合作的學習很重要！」「但是，你不能打破現有的公平紀律！」每一個「但是」的背後，都藏著一個預設立場：「學生的本分是學校課業，無一例外。」

跑遍十幾個科任老師後，我心中只剩下滿滿的無奈和憤怒。如果沒有淑真老師的支持，我真的很難想像自己是否能堅持到底。

我的想法是：學習不等於學測。學測遵守課綱，所以命題範圍內的知識要填滿，但是學習的路上，沒有什麼是一定要會的。而且，學生時期應該是探索自己的興趣和專長，發現自己想要什麼，才會發現需要什麼知識技能，才會主動去努力學習、精進課業。

現在的體制常常倒果為因，不管三七二十一，就預測學生的本分是課業，要求學生把每個領域的知識填滿，等到學測考完了，要選校選系了，才要求學生從那些陌生領域中挑一個、才開始談「探索興趣和專長」，這樣的制度下教育出的學生，哪個人不是鼯鼠五技？

不過，當時間一天天過去，老師們發現我並不屈服的時候，他們也不再講「但是」了。這時的我，和老師交談時會收到一句淡淡的「我祝福你」，但感覺並不像是他們聽懂了我在說什麼。我也知道，並不是所有老師都認同我的做法。

無法建立有效的溝通，我也無暇進行進一步的思考，只能摀著耳朵，不去攝取過量的無理反對聲，將自己從學校中隔離出來，在最漆黑的孤獨感中用只有自己理解的信念，鑽研只有自己知曉的知識技能。

關於「怕輸」、「凡事要先看到成果」

五百天期間，隨著我參加了一場場的比賽，勝場數逐漸累積，周遭的人對我的態度也開始改變，我也認識了更多同為高中生的資訊愛好者。

從他們身上，我才知道像建國中學、高雄中學等都會型高中，都有穩定存在的奧林匹亞社團，每年固定輸出獲得「大學推薦」、「大學保送」甚至「奧匹金牌」等各級優秀選手，因此學校提供不少禮遇，請假備賽也很方便。此外，我也認識了少數已有一面以上奧匹獎牌的選手，他們在拚下一面奧匹獎牌的時候，似乎師長們都不太會勸阻，很願意給予方便。

我才發現，原來除了「課業為主」之外，成人世界還彌漫著一股「怕輸」的氣氛。如果你已經做出成果，因為有成功的保證，對他人來說幾乎是穩賺不賠的投資，當然願意支持。

但是，當像我這樣沒有成果的人想要為此努力，自己也已想清楚、覺得輸得起的時候，我卻被視為一種「賭博」，因而師長們會不斷督促、勸導我回到那條名為「學測」的安全穩定道路。

從零到一的路，沒有人願意陪我走，但是我真的堅持走到終點後，學校只要把我的路複製貼上，就可以一到二、二到三地量產。因此我拿下金牌的隔年，國立科學園區實驗高中竟有高達四個人入選TOI，此前四年，每屆只有一人入選（陳伯恩學長兩次、我自己兩次）。

因為有我的先例，學弟妹們的路比我輕鬆很多，我為他們感到非常開心，也很欣慰。但我同時想到，這種怕輸的氛圍，過往到底已扼殺了多少創新的道路？對其他領域感興趣的同學們，是否也面臨同樣的困境？

衝撞五百天後，對體制的全新認識

五百天之後，我成功地逃離了台灣教育體制的掌控，終於可以用比較客觀且不帶情緒的角度來看待體制了。我還是覺得目前的體制有很大的改進空間，也覺得我的方法比較好。但是，當體制在身上劃下的一道道傷痕逐漸結痂、痊癒後，我逐漸開始理解體制對異類的極低寬容度從何而來。

一台電腦中，最貴的零組件是ＣＰＵ（中央處理器），最便宜的是螺絲。但是，每台電腦只需要一個ＣＰＵ，卻需要三十、五十、甚至一百個螺絲。我想，要讓整個社會運作的話，ＣＰＵ和螺絲的比例也是差不多的吧？

但是，沒有人願意當螺絲，每個人都想要當ＣＰＵ！

於是乎，為社會生產零組件的教育體制，必須講究很強的標準化，這樣才能維持一比一百的比例。在巨觀的統計學角度上，這似乎沒有什麼問題，但是身為體制中一個微觀的人，這卻是一件很可悲的事情。

曾經，有許許多多和我相似的人，我們都很喜歡、很欣賞日本動畫中的角色人物，也都相信他們代表的那些價值。此外，我們都熱愛資訊，願意廢寢忘食地寫程式。大家的形狀都極其相似，也樂得在一起共享興趣。

但是，當體制開始動刀的時候，每一關，就有一些與我相似形狀的同伴，被削去一個角。而躲過刀子的少數人，聽見與自己那麼近似的聲音吐出的哀號和哭聲，不免直冒冷汗，卻又只能勇敢地繼續走下去。一關接著一關，夥伴的數量以指數級減少，每個存活者背負的哀號聲也指數級地增加。

五百天後，我成了最幸運的那位，躲過了體制的每一次攻擊，雖然偶有破皮、割傷，但還能大致保持自己原來的形狀。但是，曾經的夥伴們，卻隨著大學學測的倒數計時，三十天、二十天、十天，逐漸被名為體制的液壓機一點一滴地壓成這個社會最便於堆積的正方形。

更讓我悲傷的是，夥伴們的想法也逐漸改變，他們開始覺得是因為我們曾經共同相信的那些價值而讓他們受到懲罰，於是開始鄙視這些價值，將其丟進垃圾桶，取而代之的是一篇篇不忍卒睹的臉書負能量貼文。

我不願意看到朋友們把這些價值視為錯誤，因為這些價值不僅僅是我最珍貴的資產，也是我最有力的武器。於是我決定要把我們曾經一起相信的這些價值，用我最大的音量唱出來。我希望這份最無理取鬧的破音，可以穿過體制的好幾道關卡，抵達他們的心中，讓他們想起曾經最純粹美好的那份形狀。

我也把自己一路上走來遭遇的所有故事和我經過思考研究出的技巧，都攤開來寫在這本書裡。如此一來，就算之後踏上同樣道路的人們在這條路上遇到了阻礙或挫折、困惑，我也希望他們可以從本書中找到一些共鳴、參考或幫助，讓自己能夠從傷害中復元，變得更強。因為我想告訴他們，努力、毅力、決心、聰明、善良，這些價值每一個都不是錯誤的，是正確的。

關於「夢想」

現今電競產業的發展蒸蒸日上不是沒有道理。和其他的運動一樣，電競的觀賞娛樂性佳、競爭性強，背後都有許多廠商願意提供贊助、支援。而電競產業對學生的吸引力又特別強，因為電競本身能夠提供非常純粹的娛樂效果，和前面提到學生喜歡耍廢的特性一拍即合。

但是，我看到一個現象覺得非常擔心而且憤怒。越來越多學生會指著電視螢幕上的電競選手，跟父母說那是他們的夢想，自己也想追求。確實有一部分人是真的志在電競，願意像電競選手一樣長期每天投注大量時間增進實力，也願意在一次次的比賽失利後爬起來，繼續努力。

但事實上也確有許多人假借夢想之名，行耍廢之實。隨著電競產業的繼續發展，電競的舞台只會越來越大，觸及的人只會越來越多。我擔心的是，如此下來，學生花了越多時間在遊戲上面，就只剩越少的時間探索其他的領域，到最後發現自己不是電競這塊料的時候，才趕緊開始面對升學大考、選校選系的傳統道路，但此時會否為時已晚？

令我憤怒的是，「夢想」兩字，竟然就被這樣輕易地褻瀆了。夢想，是我心中的聖盃。為了保護它，我願意承受外界造成的一切傷害。但是同樣的兩個字，竟然成為了這麼多人耍廢的藉口，這讓我感受到比那五百天還強烈的悲憤。

如果正在閱讀此書的你，也以某種程度的僥倖看待自己的夢想，我想請你看在我的分上，確認它到底是不是夢想？「是」，就勇敢追求；「不是」，就不要繼續欺騙自己。

我國中的時候，也曾以為自己有電競方面的才能，也很嚮往電視中的電競選手們。但是，當我真的嘗試努力準備，並參加了一場電競比賽，竟然只在十六強那一關就被刷掉。從此之後，我認清現實：休閒就是休閒，夢想就是夢想。跑跑卡丁車，終究只能是我的休閒。因此，我才能空出心中的「夢想」欄位，百分之百地獻給下一個真正的夢想：「資訊奧匹」。

關於「好故事」

我心中定義的「好故事」，並非得要滿足劇情精采、人物豐富、特效超強、配樂和卡司……等影評網站上會看到的指標，而是要和我喜歡的所有動畫作品以及我的這五百天經歷一樣。

首先，故事大致上要是個喜劇。過程中，主角可能會遇到不少挫折或犧牲，甚至未必到達完美成功的結局，但是最後不會讓螢幕前的觀眾哭著離開。

第二，這個故事必須呈現一些正面的價值，如努力、毅力、決心、聰明……等，作為主角最強大的武器。

缺乏後者的故事，會像在電影產業中氾濫的搞笑喜劇片一樣，淪為速食故事，攝取的當下覺得很愉快，之後咀嚼消化時卻吸收不到什麼營養。缺乏前者的故事，就會像學校輔導課中播放的教育影片一樣，太過赤裸的呈現方式，會讓各種美德難以下嚥。

我想傳達的訊息也非常單純：要達成一個目標，不應該像美劇《紙牌屋》那樣，犧牲各種美德，利用他人的屍體把自己墊高，而是要運用各種美德，並且在努力超越自己的極限的過程中成長茁壯。

對其他國家資奧競賽成績的觀察

在國際資奧排行榜上最經典的一線強國是：中國、俄羅斯、美國。這三個國家擁有人口優勢，也有許多家長從小就積極培養小孩，所以這幾國資奧國手的實力都強到令人匪夷所思。

其中我覺得比較特別的一線強國是波蘭和日本。我覺得這兩國的優勢是因為選訓營的題目品質非常好，都可以真正地訓練／測試思考能力。硬要分析的話，我覺得日本的題目範圍更廣泛一點，波蘭的題目稍微偏向純數學。

還有一個很有趣的例子是印度，一般印象中，印度似乎是資訊強國，但是他們參加國際資奧競賽十七年來只拿過一面金牌。這和印度選訓營的題目有一些關係，我覺得題目都太偏向「動態規劃」（Dynamic Programming）了，而且都是複雜度高、數據量小的題目。這樣的題目在國際資奧的出現率非常低，因為數據量太小會導致分不出解法執行效率的優劣。

除此之外，南韓一直都是一線強國，還有伊朗在近五、六年奪金率大增，也躋身一線強國，但目前我還沒能分析出這兩個例子勝出的背後原因為何。

左頁是截至二〇一七年為止，各國累積金牌數的前二十名。ＩＯＩ相關的各種統計資料可參考網站：stats.ioinformatics.org。

國家	主辦 IOI 年份	獎牌數			
		金	銀	銅	總數
中國	2000	77	26	12	115
俄羅斯	2016	56	36	12	104
美國	2003	46	34	15	95
波蘭	2005	38	38	29	105
南韓	2002	36	37	26	99
羅馬尼亞		30	45	28	103
保加利亞	1989、2009	25	41	34	100
斯洛伐克		24	37	29	90
伊朗	2017	22	52	22	96
日本		21	20	8	49
台灣	2014	19	46	24	89
泰國	2011	15	34	47	96
德國	1992	15	27	37	79
捷克		15	24	39	78
白俄羅斯		14	36	37	87
越南		13	37	48	98
瑞典	1994	13	26	30	69
加拿大	2010	13	23	36	72
匈牙利	1996	12	30	40	82
克羅埃西亞	2007	11	37	34	82

（統計年間為 1989 至 2017 年的前二十名，資料來源及完整名單請見：https://goo.gl/LdGQ4z）

C2 對人的思索

一則資訊題：分辨「好人與壞人」

在做資訊題目的時候，我遇到了一則非常有趣的題目：

世界上有N個好人和M個壞人，你身爲這個世界的神，想要分辨出每個人究竟是好人還是壞人。

你可以獲得的資訊只有一種：你可以從N+M人中任意挑選兩人（暫且稱爲甲和乙），並單方面詢問甲對乙的看法（注意甲對乙的看法和乙對甲的看法，是獨立的兩個問題）。所有的好人都會誠實地回答，見好說好，見壞說壞；但壞人們的回答是不可預測的，他們可能事先串通好要抹黑哪個人，或者爲彼此辯護……試問：你能否只問不多於 2N＋2M個問題，分出所有好人與壞人？

這看起來是一個不單純的簡化版社會問題，但是當我嘗試思考的時候，卻得出了一個令人會心一笑的初步結論。其實，只要N大於M，也就是好人比壞人多，就一定有分辨出來的方式。民主制度，還是有幾分道理的嘛！（至於為什麼，就留給有興趣的讀者來玩味。）

而我接下來要做的，就是利用「好人過半」這一點，建立一個「社會制度」，可以讓我方便分出好壞。最後，我構造出了一個融合司法與（台灣）立法的系統，成功答出了這題。細節是這樣的：

一開始，每個人都有一單位的血量。

接下來，隨便選定一個人作爲陪審團團長後，讓剩下的人作爲被告，依序進入法庭。在法庭中，團長擁有優先發言權，我會先聽取他對台下被告的看法。

如果他說被告是好人，我會再聽取被告對團長的看法。

如果被告也說他是好人，代表他與陪審團志同道合（即同好同壞），我便讓他加入陪審團，並把他的血量加入陪審團的血量。

如果團長說被告是好人，但是被告卻說團長是壞人，就代表整團陪審團一定都是壞人（爲什麼？讀者可以用反證法想想），我就會把整團陪審團關進大牢，讓被告變成新的團長！

最有趣的是，如果團長一開始說被告是壞人，我就會讓被告和陪審團打架。其中血量少的，血量就會歸零，被打入大牢；血量多的，就扣去另一方的血量，坐上陪審團的位置。數學上可以證明，這樣活到最後的陪審團一定都是好人。最後，我再讓團長進入大牢，讓他看過牢中每一個人，就可以分辨有誰是冤枉的了！

讀者看了可能會覺得好氣又好笑，這種融合了各國司法元素與台灣立法元素的解法，竟然是對的？

但事實上，我設計的系統，已經是十分「現實」的了。當我看到其他人設計的奇葩制度時，簡直是看一個笑一個！其中讓我笑得最久的，是這個：

在日本動漫界中有兩個著名的虛擬偶像團體：LoveLive!（學園偶像，簡稱ＬＬ）和IdolM@ster（偶像大師，簡稱ＩＭ＠Ｓ）。

他讓每一個好人都喜歡ＬＬ，每一個壞人都喜歡ＩＭ＠Ｓ。（先生你好偏心啊！你一定是ＬＬ粉絲！）

然後，他設置了一個ＬＬ的限定商品，讓ＬＬ粉絲們排隊購買。而ＩＭ＠Ｓ粉絲們則看得心癢癢的，恨不得把那商品買了吊起來打，於是也加入搶購的隊伍！排隊的過程中，並沒有任何一人有優先權，先擠進隊伍就贏了。

但是，站在隊尾的那個人（甲），會抱著強大的「正義感」，分析下一位進入隊伍的人（乙）。如果甲覺得乙喜歡ＬＬ，那麼他會熱烈歡迎同類，讓乙加入隊伍；但如果甲覺得乙喜歡ＩＭ＠Ｓ，他就會爲了保護自己熱愛的偶像，衝出隊伍開始跟乙打架，讓乙沒有辦法進入隊伍！

像這樣，讓每個人都嘗試進入隊伍一遍，最後站在隊尾的，數學證明，一定是喜歡ＬＬ的好人！最後再讓他將全世界的人口看過一遍，就知道每個人誰好誰壞了！

我寫完這題的時候，心情非常地愉快：原來正義，可以如此簡單又有趣！但是一想到現實世界，原本上揚的嘴角又馬上垂了下來。

我相信世界上，還是維持著好人多於壞人的過半優勢。但是現實中，人們除了可以評論好壞，還有第三個選項：「不予置評」。而就是這樣的沉默，讓每個人的好壞顯得撲朔迷離。當人們看到「善」發生的時候，心中高興得很，卻沒有說出來；看到「惡」發生的時候，感覺十分難受，卻也不敢有所作為。這樣的現象，每天都在發生，其中也包含我就讀的學校。

其實許多老師都看見了發生在我身上的事，但是他們不像淑真老師或資訊室蔡主任一樣願意幫我發聲、幫我爭取事假和備賽假這樣的實質幫助，絕大多數都選擇沉默或無視。

我覺得，如果世界上有神，祂拿地球在做這道題的時候一定很困擾。祂一定會覺得：你們每個人心裡怎麼想，就勇敢說出來，讓我好做事、好開刀嘛。原本世界可以簡單又有趣的，你們這樣什麼都不說，才讓事情變得這麼複雜！

我知道，在面對他人的掙扎時，你當然可以選擇沉默，或甚至要求他人保持沉默。但我也相信，每個人都有自己的價值觀，也都有一套行使那份價值觀的行動模式，這是個人的天賦權利。對我來說，要我對目睹和親身經歷的現象選擇什麼都不說、或是在重點上輕輕帶過，究竟是想向神藏躲什麼？

我只想當一個題目中那樣單純的好人，不行嗎？

X同學

前文中提到有許多曾經與我相似的形狀，被削去了一個角。與我並不相似的人們或許會很難理解，可能會覺得既然與我相似，那結局也差不到哪去吧！遺憾的是，這就是奧匹的殘酷之處。

傳統升學道路的回饋曲線，是連續而平滑的，每一分的努力，都可以為學測送上零點零一級分的期望值提升。但是奧匹的回饋曲線，是階梯狀的。選訓營只收三十人，於是第三十名與第三十一名，就是天差地別的兩個世界。即使進了選訓營，國手名額只有四個，於是第四名與第五名得到的又是截然不同的回饋。

而正是這個階梯，傷害了許多曾經與我相像的那些人。

試想像一位愛好和專長都與我十分相似的X同學，也對資訊奧林匹亞很有興趣，五百天前我倆的實力在伯仲之間。但最後，我們到達的目的地卻差了十萬八千里，我不禁反覆思考過程中的關鍵點。

高中一年級時，我僥倖入選了ＴＯＩ，但X同學卻沒有這份運氣。在ＴＯＩ中，我見識到了真正的高手，並且透過連續兩週的詳細觀察，做出了一份從我當下位置到金牌兩點間的距離估計。更重要的是，我第一次嘗到了失敗的苦果。那一份最漆黑的苦澀，在結訓會場的角落化為一句珍貴的結晶，成了這五百天的基石：「夢想和傳統道路，我只能挑一個。」

但是，這個結論和前述那個距離估計，若沒有入選ＴＯＩ則難以體會。

若說夢想和傳統道路，各需要投資一百分的腦力才能達標。透過在ＴＯＩ的失敗，我認識到了自己腦力的上限，大於一百分而小於二百分。由於無法確定自己到底有一九九分還是一〇一分，我必須要求自己選定一條路，並且為那條路付出一切，因為我生怕自己屬於後者。

然而，即使資質相近、對寫程式的興趣也相似，但因缺乏與金牌的距離感，無法意識到自己只能在資奧和課業中挑一個，因此選擇在兩條路各分配一半的籌碼。這樣的結果，可能導致了X同學高中三年都無法進入TOI。夢想這條路過期了，於是乎只好把一切再放回傳統升學那條路。但比起台灣絕大多數只有傳統道路可以選擇、因而投注百分之百力氣的高中生，等於是晚別人一步衝刺。

在最後一刻才放上自己的全部，在傳統這條路上也相對辛苦，這真是印證了「差之毫釐，失之千里」這句話：幾乎相同的天分，竟會因為微小的運氣差距，導致了策略的偏差，並影響到階段性的結果。

我想，如果天分決定你我在人生中行走的速度，那麼對方向的精準判斷和堅持不懈，才是能否用最短距離從A走到B的關鍵吧！

Z同學

再試著想像：在另外一個平行時空裡，有另一個何達睿。這另一個我也很喜歡寫程式，喜歡看日本動畫。在第一次資奧選訓營落選後，我也體認到夢想和傳統那條路只能挑一個。同樣地，我也百分之百地說服自己，開始義無反顧、往夢想的方向衝刺。當然，也開始受到父母和老師的阻撓，陷入了最深刻的孤獨感。

但是，在這個時空，我沒有遇見林淑真老師。

因為沒有淑真老師幫忙說服和協調請假，我只能遵照每週五天的課表超額攝取各科老師難看的臉色，並在心裡暗自憤恨和不屑。這樣的負能量和阻力，終究影響了我準備比賽的進度，於是在一場小比賽，我以些微差距失去了國家代表隊的資格。

當不成國手，代表我失去了「備賽假」的資格，接下來攸關選訓營名額的全國資訊學科能力競賽（全國賽），我沒有足夠的時間全力準備，於是又與前十名的晉級名額失之交臂。之後從十二月的全國賽到隔年三月的選訓營，我也沒有辦法以「TOI正取選手」的名義取得更多的備賽假；與此同時，又因為沒有像樣的成績，還得繼續忍受老師們異樣的眼光和課業上的差別待遇。

幾經努力，終於進入選訓營，但因為前述原因，四個月來一直沒辦法有效地增加實力，終究還是趕不上運氣更好的那些人，二次考試後落在國手線的下方。不過努力終究戰勝了偏見，我還是克服了校方巨大的壓力，取得了第二階段的大學推薦資格……

結果在申請大學的時候，我發現那些看我不順眼的老師，竟然在學期成績單上給我打了五十九分以及零分這樣羞辱人的成績。最後，即使有選訓營第二階段的推薦資格，這麼難看的成績單，終究不被理想大學的入學審查委員會所接受，我就這樣和理想大學的資工系失之交臂。

當我在螢幕上看見「未錄取」三個字時，一直堅持「做自己」的那份心情終於崩潰了。原來，童話故事裡的「邪不勝正」、「要怎麼收穫先怎麼栽」都是騙人的。

於是我開始憎恨當初的自己，覺得自己應該要做個圓滑處世的人，當初應該要想辦法討好老師。於是，我把最初相信的那些價值和夢想視為今日落得如此下場的源頭，一個不剩地丟進了垃圾桶。

上述這個世界完全就是我對「好故事」定義的反義詞：它既不是個喜劇，也沒有呈現任何一個正面價值，甚至可以說是「正不勝邪」。這條故事線，只應該在我的想像中出現，作為某次作文題材的腦力激盪而已。但很遺憾的是，這樣的故事，確確實實地發生在你我存活的這個世界。這是Z同學的故事。

前前後後不管怎麼思考，我始終答不出來，和我如此相像的Z同學，到底做錯了什麼？即使距離奧匹奪金後這麼久，我想到Z同學時仍然會全身起雞皮疙瘩、直冒冷汗，慶幸在最後一刻趕來救援自己的運氣和他人，也為Z同學感到悲憤。

唉，算了，我放棄。第三人稱的文筆好做作，去他的第三人稱。

Z同學，我知道你會看到這本書，也知道你看得出來這段就是你的故事。現在你也看見了我的故事，我們終於有一個對話的基準。你或許曾聽旁人說「資訊／程式／人生的路還很長很遠」，或是「這就是社會化／長大／競爭」之類的話，但是，今天站在這裡的我，不會這樣說。

不管我們的天分是否相近、覺悟是否同樣深刻、信念是否一樣堅強，我都沒有資格評論你，或希望你也以陳伯恩、由紀為榜樣，或甚至請求你重拾丟到垃圾桶中那些價值。我所能做的，只有努力發揮自己才能的極限，執行我深刻體會到的覺悟，把握住身邊任何一丁點好運氣，全力歌頌我心中的信念。

從同一個起點出發，如今的你或許位在我聲波所能到達的極限之外。但是我仍然會放聲高歌，讓我的歌聲可以散播到將你我推得如此遙遠的社會。我好希望我的能力可以再強一些，強到足以支撐你我兩人，但我僅僅是一個連投票權都沒有的高中生。

即便這看起來自不量力，我只能期待透過努力宣揚「好故事」，哪怕只有一點點，可以把這個社會往「好故事」的方向稍微拉過來。若能如此，當下一位和我們一樣心中有所熱愛的學生出現時，這個社會可以多出一位淑真老師來支持他。

因此，我會連著你（丟入垃圾桶中）的那份價值一起努力，讓你不用再把它們視為負擔或錯誤。所以，請你不要再憎恨當初最天真、最純粹的自己，好嗎？

資奧同隊國手：余柏序

然而，名為體制的這道巨牆，真的這麼難翻過去嗎？真的需要像我一樣，貫徹一切信念，窮盡每分智商，得出最佳策略，甚至還得有些運氣，才能千鈞一髮地越過去嗎？

答案是否定的。在光譜的另一端，還存在著另外一種解答，就是與我同屆、拿到資奧銀牌的國手——余柏序。

柏序的做法中，最純粹的三個字「做自己」，成為了一切的基礎。

在我的邏輯裡面，既然「學校」是影響我的一種因子，我會把這一項目列入手上的聯立方程式，解開之後，再依照最佳解法為每個項目分配一定額度的心力。但是，柏序覺得沒有辦法在「學校」找到自我，於是他將自己完全投入所愛的資訊科，就算學測國文科只考了九級分也沒有關係。

當我們在選訓營做題目的時候，我會分析每道未答題、錯答題的原因，究竟是哪一塊領域的努力不夠，抑或是天分不夠而想不到解法。但是對柏序而言，當我做出了他沒做出的題目，他只會說：「你好厲害喔，教我！」當他做出了我沒做出的題目的時候，他也總說：「運氣好而已啦！」

他的世界中並沒有太多的分析，也因此造就了最渾然天成的他。

我還記得，他高中時想做一款遊戲。但是，與其找遊戲公司洽談，或是尋找遊戲業的前輩帶路，他選擇從零開始，自學所有必須的技能：美術、設計、配樂、流程、劇情、引擎……一切的一切，都是他親手一筆一畫刻出來的。

最後，我們當上了國手，也因此認識了一些資訊界的強者。當他們指著遊戲原始碼的某一行，好氣又好笑地說出業界標準的做法時，柏序也只露出一副天真又燦爛的招牌笑容，說：「沒關係啦，我當初就是把它弄到會動就好啦！」

在我的規畫中，我只有一次機會，所以我講究從A點到B點的最短距離。然而，不管是做遊戲，還是打資奧，柏序都繞了不少遠路，但是那又怎麼樣呢？我在考場中窮盡一切謀略，像個作業員似地任由SOP控制自己的舉動，還在廁所差點崩潰，流乾了每滴血與淚，最後總算搆到了金牌線。柏序卻很享受題本中的每一題，看到哪一題有趣就想它一想，想到就開始寫程式碼，沒想到就換一題更有趣的繼續想，就算他最後運氣差了點，以百分之零點六六的差距與金牌擦身而過，拿下銀牌，但是那又如何？

我為了保護自己的每一份價值，不容許自己任何一次跌倒，以十分狼狽的姿勢狂奔著，承受著許多諷刺的眼光衝線。但是他卻能悠閒地走著，聽取自己心中的每一分聲音，想左轉就左轉，想右轉就右轉，路上或有擦撞，偶遇死路，但是過程卻充滿了歡笑。

論天分，我是徹徹底底地輸給了柏序。這不僅僅是因為在我檢討題目時，發現他比我多做出了許多「天分類」的題目，更是因為他那份對自己的誠懇和勇敢做自己的勇氣……

不對，我想在柏序的腦中，「誠懇」和「勇氣」從來就不是考慮的一部分，而是一顆比「初生之犢不畏虎」更加純粹的赤子之心。即使最後，我在排行榜上的落點高於柏序，但我卻打從心底羡慕他貫徹「做自己」的態度。這一份真誠，是我一生永遠可以學習的對象。（余柏序拚資奧的故事請見第二一一頁）

D 申請 MIT 心法

為什麼決定赴美念大學？

坦白說，一開始，我只是將高中各項奧匹競賽最終的聖盃——MIT，設為夢想的終點。然而，一直到在IOI摘金之後，我的心思才有多餘的空間得以認真地思考、評估我的下一步。而要得到比五百天前更好的答案的話，勢必要從這五百天之中尋找新的啟發。

那麼，我從這段日子學到了些什麼呢？

透過審視這趟追夢之旅的起點，在TOI，我得出了第一個結論：只要把自己放在高手雲集的地方，就能很清楚地看見要怎麼變強。第二個結論，則是這趟追夢之旅最苦澀的那一段時間所留下的回甘。

我發現：我的個性不相容於這座島上的體制。

我有自己獨特的、名為夢想的目標，它並不相容於成績單上的優甲乙丙丁。

針對這個目標，我有自己的時間規畫，它也不相容於那張切得如豆腐般整齊的課表。對於自己的時間規畫，我能專心致志地一步一步執行，因為我知道我踏出的每一步所對應的效果，是邁向夢想的最佳路徑，而這也不相容於設計出「零學分的必修課」之現行體制的邏輯。

更重要的是，當我很早就下定決心追夢，並且一開始就說「這一年我盈虧自負，大不了我的人生晚一年」時，這「唯有讀書高」社會的反射動作，賞給我的卻是排山倒海而來的阻力。

留在這份決心上的一道道傷疤，讓我發現，我需要的不是「更好的」體制，而是「更少的」體制，也就是自由和包容多元的精神。有了這兩個結論之後，我更加確信自己最初以MIT為大學目標是正確的。

申請MIT的時間規畫

瑣碎的申請細節此處不多說，我只談一下在時間準備上的心得。

大部分的台灣高中生都在學測之後才開始準備申請大學的文件，但是申請美國的頂尖大學，準備時間都是以年為單位計算的。

我比完國際資訊奧匹後，回國的時間是八月底，若我要趕上錄取率比較高的第一波申請，必須在十月底前要搞定一切。兩個月的時間，準備台灣的大學申請可能差不多，但是申請ＭＩＴ這樣的美國頂尖大學，時間可說非常吃緊。

光是趕上「必要的考試」就讓人疲累，除了沒什麼時間備考之外，有些考試在兩個月內只開放一、兩次考試機會，根本沒辦法多考幾次把分數考到漂亮一點。另外，「自傳」（essay）需要一個字、一個字雕琢，兩個月根本不夠把自傳優化到最好，我只能修到「尚可」的程度。還有，面試非常重英文聽說，沒有長期練習的話，面試當天等於直接吃土。

和我同屆進ＭＩＴ、另一位奧匹出身的台灣錄取生，他整整花了一年兩個月的時間準備申請。為了準備申請ＭＩＴ，他甚至放棄亞太地區物理奧林匹亞競賽的國手資格。

即使你沒有奧匹資格，一般高中生若打算申請美國大學，都把戰線拉得很長。我聽說母校新竹實驗高中雙語部的學生，都是從十年級、十一年級就開始準備，相當於台灣學制的高一、高二。

需要如此提早準備，很重要的一個因素是為了美國學測。美國學測有ＳＡＴ和ＡＣＴ兩家廠商，每家一年考六次，每年總共有十二次考試機會。提早從高一、高二開始準備的話，最多可以考上十幾、甚至二十幾次，把分數考到最高。

成功申請美國名校的策略

台灣的大學申請，最高的門檻是考試分數：只要學測或指考分數夠高，剩下的東西都相對簡單不少。然而在美國，大學申請非常注重自傳以及面試。

ＭＩＴ對於非英文母語人士的考試標準是採門檻制，也就是說，托福分數高於一個指定的分數即可。因此只要贏了自傳和面試這兩仗，就有高達八成勝率了。

我很喜歡做這樣的比喻：申請者和美國各大學入學審查委員會（簡稱入審會）是商品和消費者的關係。以ＭＩＴ入審會為例，每年有約兩萬件商品上架，但是推車只夠放一千五百件。

身為一件商品的你，目標就是吸引消費者把你放進推車裡。

像MIT這種美國頂尖大學，即便是SAT（美國大學入學考試）考到接近滿分的人，也只有約七分之一的錄取率；然而卻曾有申請者的自傳，讓入審會感動落淚，進而無視SAT分數直接錄取。可見成也自傳，敗也自傳。那麼這份自傳到底要怎麼寫，才能博得入審會的青睞呢？

【下策：強調自己成績好】

「我在校成績名列前茅／我很會考試／我學測考很好／我在台灣的某某測驗考了XX分」這些都是申請者常用來為自己加分的工具。由於台灣高中生大部分時間都在準備學測考試，申請者學測分數都很優秀，然而MIT所要求的托福或美國學測分數其實並不突出。

這類申請者會很想把自己優秀的學測表現寫在自傳裡面，強調自己準備得多努力、考前計畫多縝密、分數在台灣的PR值多少……然而入審會對這類申請條件的感覺，就像在美國沃爾瑪超市裡看到一罐貼著台灣CAS優良食品認證的鮪魚罐頭。意思是，我知道這個罐頭大概可以吃，但最終還是會選擇美國本地製造的產品。畢竟，這兩萬個申請者基本上都很會念書，加上也有美國的認證，CAS在「消費者」眼裡勝算真的不大。

想要獲得青睞，就必須擁有跨國籍、跨地域性的優勢，才有機會勝過美國本地的商品。

×：在自傳中強調自己很會讀書和台灣各項測驗的分數。
○：挖掘出自己跨地域的優勢，並在自傳中加以發揮。

【中策：強調自己很稀有】

「我參加過某國際比賽／我當過某國際志工／我參加過某科展／我曾經入選電競選手……」究竟什麼樣的優勢才夠優？

試想，你在超商看到一條日本進口的特濃牛奶糖，儘管沒有CAS認證，但上面寫著「全新口味」、「期間限定」、「使用北海道鮮乳」……這樣是不是比僅有CAS認證的牛奶糖吸引人?

這三個引號究竟有什麼魔法?答案是它們創造了稀少性。也就是說,判斷一個優勢到底夠不夠優很簡單:以稀少性來做比較,越稀少越具優勢。

我有位高中同學想申請香港的大學,在面試草稿上寫了類似「擅長批判性思考」、「從小對數學、物理有興趣」……我看了簡直快暈過去。論稀少性,「就讀實驗科學班」這句話都勝過前述兩句好幾個量級。

我跟他分享了這個稀少性原則,經過一番腦力激盪後,他想呈現的每一個特質都對應到一個稀有事件:

「批判性思考」↓「曾與來自日本的交換學生以英文辯論公共議題」;

「數學」↓「與清大教授合作進行有關傅立葉轉換的專題研究」;

「物理」↓「取得國際物理奧林匹亞國家代表隊複選資格」。

結果呢?他被錄取了。

×：主打「擅長批判性思考」、「熱心助人」等不具稀少性的特質。
◯：找尋自己真正能夠拔群而出的稀有之處，並以其為主軸強調個人特色。

【上策：貴校需要我】

二〇一六年十月十八日，ＭＩＴ面試日前五天。我已經盯著電腦文件中的面試草稿整整一小時，但是刪了又加、加了又刪，到最後半個字都沒有變。到後來，我已經記不清楚這樣的夜晚到底是第幾個了？

我最具稀少性的特質是「國際資訊奧林匹亞金牌（世界第八）／正面能量非常強，並竭盡所能散播正面能量給同儕／執行力、決心與毅力不凡」，而草稿中，三者各自的敘述都已經非常清楚、有條理。但是我卻隱隱感覺到這三個段落就像合唱團中的低、中、高音部在練唱不同的曲目，各自都唱得很好，但合起來聽卻有種不協調感，令人渾身不舒服。換言之，如果不想辦法讓各聲部共鳴的話，就只能達成「1+1+1=3」的效果。

然而已經被定下來的這些特質，面向截然不同。我該怎麼讓他們「共鳴」呢？一個有若干面向的「商品」，該怎麼「行銷」才有效呢？

答案是：要看見「消費者的需求」。做過產品研發的人都知道，成功的產品除了要有新意之外，更重要的是能看見消費者的需求。同理類推到ＭＩＴ入審會的話，便是發現入審會可能的「需求」。

我想通了這個策略之後，決定試試。我從上述三個特質出發，開始尋找它們能對應的「入審會需求」。最後，我找到了在大學階段最具聲望的資訊比賽：「ＡＣＭ國際大學生程式競賽」（ACM-ICPC）。

最近四年，台灣大學在 ACM-ICPC 決賽中的獲獎紀錄是兩金，ＭＩＴ卻僅有一銀一銅。這個成績對於ＭＩＴ這樣世界頂尖的理工學院肯定非常不理想。而上述我的第一與第三項特質，正好有機會為ＭＩＴ拿下一面世界金牌，滿足這個需求。此外，我也調查了與我同年的國際資奧選手，並且排除了前七名選手申請ＭＩＴ的可能。也就是說，就這個需求而言，我是ＭＩＴ的首選。

於是我在文章中寫下：「我觀察到貴校參加 ACM-ICPC 的成績不甚理想，而我相信我的能力恰好能解決這個問題。」那一剎那，我彷彿聽見了合唱團低音部與高音部合音成功。最後，我在兩階段申請的第一階段就被錄取了。

錄取名單公布之後，我透過社群媒體認識了其他 MIT 新生，結果發現每位同學都有一項非常突出的專長，而該專長都能為 MIT 拓展某個領域。例如，有位身為國家網球選手的十七歲女孩，她能帶領別名「工程師」（MIT Engineers）的麻省理工學院體育校隊創下佳績。又如，幾位嫻熟開飛機的十七歲男孩，他們就是 MIT 這一屆要進入美國太空總署（NASA）的人。

我發現，原來造就 MIT 如此卓越的根基，就是這些頂尖技能的聯集。而這個策略，在推進 MIT 資訊領域某一部分的成就上，可以說是成功了。

×：自傳和面試中陳述的自身優勢面向不一，打游擊戰。
○：以自身特色為起點，發想一個審委會可能想達成的事物或目的，並戰略性地集中火力攻擊該要點。

其實，MIT大學部每年錄取一千五百人，就代表有一千五百種成功的自傳。除了我的「商品化」策略之外，我也看過有人把自己「角色化」，塑造成一個科學怪人；也看過有人把自己「小說化」，用卓越的文采把人生中大大小小的故事寫得有血有淚；更看過有人「數據化」，分析大學網站和歷屆錄取者，統計出錄取機率最高的數個特質後各個擊破。

不過說穿了，這些都是各個申請者為自己的稀少性量身定做的策略。因此我也鼓勵讀者，自身的稀少性如果無法適用上述策略，可以試著發想全新包裝自己的方法。或許，入審會因為欣賞這個從未看過的策略而錄取你呢！

完成進度 0/1：找到下一個夢想

在夢想的欄位中，當國手，拿金牌，上MIT，我一項一項打了勾。於是乎，現在我的夢想欄位——是空的。

但是沒有夢想的生命，就沒有方向，而沒有方向的生命，就沒有效率，最後因為不知道自己在做什麼，就會無意間增加自己耍廢的時間，變得平庸。我不願意在這樣的狀態下活著，於是在MIT公布錄取名單的隔一天，我就開始尋找自己的下一個夢想。

但是，要從零開始尋找全新的夢想，談何容易？我的上一個夢想，最初的起火點在國一，最大的轉捩點在高一，最後達標在高三，前後總共花了六年時間。因此，我也不會強求自己一定要在某個期限內確認或完成下一個夢想。話雖如此，現階段的我還是可以想辦法給出一個最有希望的答案，作為填答「夢想」欄位的草稿。而這個草稿，就是我在MIT申請書中的最後一句話：

「I will make the best of my life to create more great stories.」

（我會窮盡一生來創造更多好故事。）

這並不是用來騙審查委員淚水的假話。拿到金牌後，驀然回首，這五百天的好故事深深打動了我，也讓我發現不管是動畫還是人生，我是打從心底喜歡好故事。因此，即使已經申請上了ＭＩＴ，我對這句話的立場還是沒有變。我想要創造更多好故事。

但是，好故事的來源有很多種！我只要找到下一個願意犧牲一年、五年、甚至十年的偉大目標，並且努力追求，這樣的旅途自然就會是一個好故事。

或是，我也可以做一位內容創作者，不管是做遊戲、畫動漫、還是寫小說……就算沒有親身活過，也是符合「創造更多好故事」的宗旨。

當然，我也相信在現有認知範圍外，還有我不了解的方法或技術，可以幫助我創造好故事。因此，我也會在大學期間努力尋找並確認這一條路的可行性。

於是，我人生中一個新任務出現了：「完成進度０／１：找到下一個夢想。」

至於到底找不找得到？我的態度跟當初我和班導淑真老師講的並無二致：我可以接受找不到，但是我要這個答案。既然我人生的「任務欄」只有這一項，我只要竭盡全力去尋找，不管最後答案是什麼，我都可以在死前說服自己已努力活過，這樣就足夠了。

我的學習方法
&備賽策略
E（邁向頂尖資奧選手）

E1 簡介資訊競賽

什麼是程式語言

程式語言是一個入門相對簡單的領域，因為大部分的學習過程可以類比一般學習英文、中文等自然語言的經驗，而且廣義而言，人腦天生就是處理各種語言的器官。

學習程式語言的初期會有一些記憶性的東西，像是「關鍵字」和「語法」等，就像自然語言的基礎單字、文法等。熟悉常見的關鍵字和語法後，就可以如同自然語言拼湊句子一樣寫出基本的程式了。

之後若要再精進，一方面要開始廣泛涉獵各種實用的「函式」（function）（可想成自然語言的冷僻字詞）和「演算法」（可想成自然語言中各種少見的、高難度的句型），另一方面可以開始找程式設計的題目來寫，或是閱讀高手寫的程式碼（可想成用自然語言寫作文、看名家小說）。不過，最重要的就是那份如同學習自然語言時的精神：要常說、敢說，而且不要怕說錯。

程式語言的種類至少有上百種，在此無法一一列舉並詳細介紹，要從哪一種開始入門最好呢？在此我稍微介紹一下我知道的常見語言，供讀者參考。

推薦入門一：C++

我最常寫的程式語言是 C++，擁有程式競賽界百分之九十五以上的占有率。和它類似的還有 C 語言，算是 C++ 的祖先。這兩個語言的占有率很大，如台大線上評測系統等許多線上題庫，甚至只開放使用 C 語言或 C++ 解題。

C++ 的執行速度非常快，比其他語言快上幾十倍、甚至幾百倍。因此在重視執行效率的場合，如程式競賽、系統開發等，都可以見到 C++ 的身影。因此，要在台灣打程式競賽的話，從 C++ 開始是不二選擇。

此外，讀者不妨參考和我同屆的台灣資奧代表隊隊友余柏序寫的〈給新手的 C++ 教學〉一文（https://goo.gl/QuhWou），是以高中程式競賽選手的觀點寫的教學，可以知道該跳過哪些 C++ 語言中和程式競賽無關的功能。

推薦入門二：python

另外必須提到的是 python，這是比 C++ 晚發展的新語言。現在，包含 MIT 在內，當今各大學的資訊系課堂上經常使用 python 來授課。比起以往授課使用的 C 語言或 C++，python 語法更簡潔、贅字更少、函式的設計更有彈性，而且常用於 Linux 作業系統，有利於資訊系畢業生求職。同時它的語法又維持了一定程度的嚴謹，有利於講師授課時講解結構性的觀念。因此，我會推薦一般的初學者從 python 入門。

然而，python 的執行效率比 C++ 慢許多，因此不太適合用來打程式競賽。

其他我聽過的著名程式語言，包含上古時期的 Visual Basic，開發應用程式很實用的Java、C#，常用在IE、Chrome、Firefox、Opera等網頁瀏覽器內的JavaScript，網頁設計用的HTML5、PHP，還有語法奇異的函數式程式語言Haskell、Lisp、Lua，深度學習常用的R語言……等。

雖然程式語言有這麼多種，編寫時的思考方式卻大抵雷同，所以只要學了一種程式語言，就能掌握程式設計專屬的那種思考邏輯，之後再學習第二、第三種就很簡單了。因此，我建議在學習第一個程式語言之後，根據自己的需求再挑選適合該需求的程式語言來學習即可。

資訊競賽長什麼樣子？

為了讓沒有資訊競賽經驗的讀者能快速了解，我在此先描述資訊競賽的概況。

對台灣高中生而言，最重要的比賽是：學校的校內賽、各縣市資訊學科能力競賽、全國資訊學科能力競賽（前十名可保送ＴＯＩ）、ＴＯＩ台灣資訊奧林匹亞（前四名成為國手代表參加ＩＯＩ，前十到十二名具有推薦大學資格）、

ＩＯＩ國際資訊奧林匹亞（國手可保送大學）。另外還有我國、高中都參加過的網際網路程式設計全國大賽（ＮＰＳＣ）和國際青年程式競賽（ＩＳＳＣ）等。

以台灣的全國資訊學科能力競賽和ＴＯＩ台灣資訊奧林匹亞為例，一場比賽會持續三到五小時不等。每位選手會分配到一台電腦以及一份題本；所有選手的題本和電腦規格都相同。

選手的目標就是盡可能解開題本中愈多的題目、拿到愈多的分數。一道題目是由「題目敘述」、「輸入輸出格式」和「子任務配分及限制」組成。各個子任務會有不同的分數價值，不過通常難度越高的子任務分數也越高。

選手們要根據題目敘述的要求，實作出可以在時間限制和硬體限制內完成資料輸入並輸出運算結果的程式。實作完畢後，選手會把程式碼上傳到評測伺服器（judge）。幾秒後，伺服器就會回傳這支程式在各個子任務的執行結果以及參賽者的得分。

如果一題中的某些子任務難度太高，選手可以只解出比較簡單的子任務，拿到部分分數。至於如何在有限的時間內取捨各題的子任務，就看選手各憑本事了。

其他的資訊比賽樣貌大致相同，不過賽事設計上有一些有趣的差異：大專院校的ＩＣＰＣ程式競賽以及台大主辦的ＮＰＳＣ，是每一隊三個人共用一台電腦，而且每題都只有一個子任務，不是一百分就是零分。不過這些比賽允許選手攜帶紙本參考資料入場，而且選手賽中可以看見計分板，藉此了解各隊的解題狀況，其中有些比賽甚至允許選手攜帶自己的鍵盤入場。

線上的資訊競賽就更有趣了。有些線上賽允許選手觀看其他選手的程式碼，並根據它來設計極端的測試資料，讓其他選手的程式執行失敗。另外，由於參加線上賽的選手是使用自己的電腦，有選手甚至會在賽前先寫好各種實用演算法的程式碼，在比賽出現相關題目時直接複製貼上。我常參加的線上賽有Codeforces、TopCoder……等，網址可參考第一六六頁。

接下來的篇章，我將進一步介紹我當初針對ＴＯＩ和全國資訊學科能力競賽所設計的策略和心法，不過背後的思路和策略也可以運用在其他大考或比賽上，讀者可以根據實際遇到的狀況來調整細節。

E2 長期準備與練功

如何準備程式競賽？如何增進實力？

俗話說：「台上一分鐘，台下十年功」，要在程式競賽中獲得好成績的不二法門就是勤加練功。此外，在後續章節中將會花費許多篇幅講解比賽技巧，也需要一定程度以上的實力做為基礎。

而競技程式界中的高手，練功的方式不外乎以下三部曲：比賽、學習、練題。因此，長期準備程式競賽的方法，就是透過這三部曲的循環。等到比賽前兩週，來不及走完一個循環的時候，就可以進入「最後關頭衝刺」（參考第一九二頁）。

首部曲：比賽

參考E1章節的內容，讀者熟練了語法和各種常用函式、函式庫後，就可以試著打一場網路上的程式競賽（線上賽）了。

線上賽就像疫苗一樣，可以讓選手感受比賽中的壓力，進而對正式賽中的高張力環境產生「免疫」。許多人第一次參加線上賽時會有點緊張，擔心自己表現得不好。不要怕！第一次線上賽的成績很差是再正常不過的事。而且這不像現實中有獎品、獎狀、升學優惠的正式賽，輸了不會損失什麼，頂多就是帳號的積分下降而已，下次表現好就會升回來了。

線上賽結束後，就可以檢視自己沒有答出來的題目，從簡單、分數低的題目開始看。如果賽中寫了太久，或是想法上的瑕疵導致程式碼中有bug，就代表對題型不熟練，可以把這個題型放進第三部曲「練題」中，勤加練習，並把這題寫完。答錯或答不出來的題目，則可以參考題解和其他選手上傳的正確程式碼，藉此發現自己不會或想不到的東西，放進二部曲「學習」之中。

另外要注意的是，有些選手會有一種不太好的習慣：跳過簡單的題目，一口氣直攻最難的題目。高難度的題目，可能用到生僻的技巧，或是跨領域知識的組合，前者通常很難理解，出題機率也比較低，臨時硬學反而事倍功半；後者則應該藉由各領域的簡單題學習、熟練相應的知識後，才能真正理解拼組成該題的精髓，並能舉一反三。

二部曲：學習

在「學習」自己不會的事物之前，要先「發現」自己不會的事物。

「學習」的方式有很多，除了透過第一部曲「比賽」和第三部曲「練題」之外，平常在競技程式圈內打滾也會自然發現一些。甚至，你可以直接把國際資奧的命題大綱（IOI Syllabus）打開，一項一項地找出自己不會的項目，雖然這個做法有些偏激，卻也不失為發現新技能的好方法。發現之後，就要想辦法學會它。

Google 搜尋引擎是大家共同的老師，在看過網路上找到的維基百科資料，各高中、大學的上課投影片、講義，或是若干競技程式部落客整理過的資料後，通常就能理解該技能了。另外，也可以透過人脈、社群網路、各大線上競技程式網站的訊息功能等，請教圈內高手。即將實施的資訊新課綱，可能有機會帶動大專以上的資訊高手投入家教、補教業，到時候應該也可參考。

若想認識圈內高手，不能不提到台灣大學辦的兩個計畫：從事長期資訊教學的「資訊之芽培訓計畫」（簡稱「資芽」）和短期的「資訊枝幹」培訓活動（IOI Camp，簡稱「資幹」）。

前者就像是競技程式界的「基本技能大全」，教的項目幾乎涵蓋台灣高中等級資訊競賽的技能。後者則是「進階技能大全」，內容不僅涵蓋，甚至超越了國際資奧的命題大綱，包含了若干大學等級競賽的技能。後者的上課講義，我一直到現在都當作字典一樣，有需要就用來查資料。

這兩個計畫的講師都是台灣大學頂尖的競技程式高手，其中包含歷屆資奧國手和ACM國際大學生程序設計競賽選手。參與這兩個計畫的學員中，也不乏實力高超的戰友，可多加認識。國內其他大學也打算開辦類似活動，讀者不妨留意。

三部曲：練題

【尋找線上題庫】

正式比賽考驗選手的所有能力，舉凡觀察能力、思考速度、編程穩定度……等，影響最大的總是「練題」這部曲。因此，這部曲是三部曲中最重要的，也是最花時間的。

然而，在練題之前，要先擁有題目的來源。與其他奧匹科目不同，由於資訊科和電腦的緊密關係，絕大多數的相關題庫都可以在網路上找到。

最值得高中生參考的題庫，是各國的資奧選訓賽題目，包括美國計算機奧林匹克競賽（The USA Computing Olympiad，簡稱USACO）、波蘭資訊奧林匹亞競賽（Polish Olympiad in Informatics，簡稱POI）等。另外，中國的全國青少年信息學奧林匹克競賽（NOI）不時會出現變態難題，對自己實力有信心的人不妨挑戰看看。

至於資奧系統的國際賽，如亞太地區的亞太資訊奧林匹亞競賽（Asia-Pacific Informatics Olympiad，簡稱ＡＰＩＯ）、全球性的國際奧林匹亞競賽（ＩＯＩ）等，題目量比較少，建議搭配後面幾章的比賽策略使用。另外像是Codeforces、Topcoder和AtCoder等題庫，從簡單題到難題的數量都很多，並且每一兩週都會舉辦線上賽，有成熟的選手積分系統，適合選手長期在上面練功。還有各大學資訊系架設的題庫，如西班牙瓦拉多利大學（University of Valladolid）開發的ＵＶａ線上解題系統（UVa Online Judge）等，各種技能相應的題目都有一些，可以用來加強新技能的熟練度。

然而，除了中國的ＮＯＩ之外，其他的資源都是英文的，英文不好的選手可能會比較吃力。若你英文不夠好，可以去國內各高中的題庫練題，如高中生程式解題系統ZeroJudge、建國中學資訊社架的ＴＩＯＪ、台中女中程式解題系統GreenJudge等。另外還有一些提供獎品、甚至獎金的線上賽題庫，也有提供中文翻譯，如HackerRank、codechef等，都可以參考。

線上題庫網址

英文線上題庫

USACO	usaco.org
POI	szkopul.edu.pl；main.edu.pl/en
NOI	noi.cn
APIO	apio-olympiad.org
IOI	ioinformatics.org
Codeforces	codeforces.com
Topcoder	topcoder.com
AtCoder	atcoder.jp
UVa Online Judge	uva.onlinejudge.org

中文線上題庫

ZeroJudge	zerojudge.tw
TIOJ	tioj.infor.org
GreenJudge	tcgs.tc.edu.tw:1218
HackerRank	hackerrank.com
CodeChef	codechef.com

Code 風景區 codingsimplifylife.blogspot.tw

整理許多線上題庫的連結，可參考。

【開始練題】

有了題目來源之後，就可以開始規畫練題了。

大部分的時間，選手不需要學習特定項目或是檢討特定比賽，這時練題的方法就是從各大題庫隨機找題目來做。每天寫一定量的簡單題，可以維持手感、快狠準的思考和編程的穩定性。

不定期寫寫難題，則有助於發現不懂或不熟的主題。不懂的題目要透過第二部曲「學習」解決，如果遇到不熟的主題，除了直接上網搜尋以及上面提到的UVa之外，Codeforces 等其他的一些題庫會設有標籤（tag）功能，可以照主題對應的標籤搜尋相關題目。或也可以透過人脈、FB上的資訊性社團，和各題庫的訊息功能，找人詢問該主題的題目。

最後，如果遇到期末考或要交報告等事件，導致可以練題的時間大量減少，就要多加利用生活中的零碎時間來想題目，像是搭公車、捷運等交通時間，或是洗澡、刷牙等睡前時間。

我的 Codeforces 積分進度表

項目	日期	估計準備時間	估計準備時間累計	實際花費時間	實際花費時間累計
2015 青年程式設計競賽	9/19/2015	0	0	0	0
學科能力競賽地區賽（北二區）	11/14/2015	0	0	0	0
2015 NPSC 初賽	11/28/2015	50	50	75	75
Codeforces Rating 2100+	**12/13/2015 前**	**80**	**130**	**100**	**175**
2015 NPSC 決賽	12/13/2015	0	130	0	175
全國學科能力競賽決賽	12/20/2015	150	280	70	245
Codeforces Rating 2200+	**3/6/2016 前**	**150**	**430**	**70**	**315**
2016 TOI 入營考	3/6/2016	0	430	0	315
2016 TOI	3/14/2016	0	430	0	315
Codeforces Rating 2300+	**8/12/2016 前**	**500**	**930**	**600**	**915**
2016 IOI	8/12/2016	0	930	450	1365

（單位／小時）

我規畫的 Codeforces 積分進度表

右頁的表格是我在二〇一五年九月初的時候規畫的，最右邊兩欄是依照實際執行結果，事後再加上去。

我覺得自己最初的估計還算準確，其中參加二〇一五的ＮＰＳＣ決賽和全國學科能力競賽決賽，實際花費的準備時間還比原先預估的少一半。

我唯一錯估的是準備ＩＯＩ二〇一六的時間。我原本以為達到 Codeforces 2300+ 的積分之後，我的實力自然就是「躺著拿金牌」。但是當上國手才發現ＩＯＩ的比賽模式和 Codeforces 的比賽模式相去甚遠，讓我必須做全新的規畫，最後一行才會多出快五百小時。

E3 考古模擬賽和思路的SOP

考古模擬賽

考古模擬賽，簡稱「模古」，顧名思義，就是拿該比賽的一份完整考古題，設定一場時間長度相同的模擬賽。

例如，IOI是長度五小時的比賽，共比兩天十小時，那麼就可以取二〇一五年IOI第一天的考古題，設定某一天的下午一點到六點進行模擬賽。

模古的好處很多。首先，如果模擬賽採用其他題目（例如：模擬IOI時採用Codeforces題庫的題目），有可能會挑到難度太難或太簡單的題目，或是超出比賽指定的命題大綱。要避免以上問題的話，既要難度相若，又要題型相似，採用考古題是最好的選擇。

再者，模古可以用來調整、修正比賽策略。在SOP章節中說要根據自身實力和期望名次／分數設計策略。模古之後，把自己的分數對應到該年比賽的分數板，就能夠定位自身實力和預測落點，再綜合本次模古時發生的失誤，就能夠修正自己的比賽策略。

第三，許多次模古之後，就可以很清楚地掌握該比賽的常考題型和題目難度分布。前者可以在正式賽前加強練習，後者則能用來讓自己的寫題順序更精準。我自己就透過共計五十小時的IOI模古賽，設計出比賽中的流程圖（一八八頁）。

最後，把模古實際「模擬」的時間擴大到一整天，甚至兩三天，可以有效降低正式比賽時的壓力。我在參加IOI的幾週前，就根據歷屆的行程表，設計了「七十二小時模古」。從正式比賽前一天晚上的就寢時間，到早上九點到下午兩點的比賽時間，到兩天比賽中間的「休兵日」，全部都放進了這七十二小時。因此，正式比賽開始時，我其實是沒什麼壓力的——那樣的場景，我已經體驗三遍了。

考古題這麼實用，卻又這麼稀少，因此，我強烈不建議選手把考古題用在平常練習的時候；應該在模古後，再用沒答出來的題目來練習。

礙於各種因素（如：考古題做完了），無法實施模古的話，比較接近的替代方法是在各大題庫尋找難度、題型相仿的題目，並配置與正式賽相同的題數來進行模古。話雖如此，在不把題目做出來的情況下，估計的難度很不精準，所以選手們真的要謹慎使用考古題。

思路的SOP化

其實在這五百天前，我並不是一個很會使用策略的人。不管是跟同學在玩撲克牌，還是玩跑跑卡丁車、電腦麻將，我都只是記下所有常見的合法操作，然後從這些操作的排列組合中吸取經驗。唯一最接近策略的東西，是學校考試時跟ABCD四個選項周旋的考試技巧。

但是，當我第一次把「人生中的一年」這麼大的籌碼擺上賭桌時，那份不服輸的精神才第一次被放大，督促我開始另闢常見操作之外的蹊徑。

一線資訊強國的選手們，有人口基數的紅利和技術上的優勢。此外，許多人都是從小就開始接受嚴格培訓，志在資奧金牌。像我這種只花五百天備戰的人，在他們面前根本算是「臨時抱佛腳」。因此，如果我只是純粹地努力增進實力，花的時間比他們少，天分又比他們差，我一點勝算也沒有。

要打敗他們的話，我必須要發現「實力」以外的技能並靈活運用之。而建立起一套屬於我的SOP（Standard Operating Procedures，標準作業程序）就是我的答案。

一切都從一個看似愚蠢的問題開始：選手在考場中的時間都花在哪裡？相信一般人的回答都會是：「看題目、想題目和寫題目啊！」

錯！其實除了題目之外，考場中還有許多微小的雜事，會無形中吃掉寶貴的比賽時間，進而影響選手的心情，甚至表現。像是壓力、疲勞、各種思路的試誤、為各題分配適當的時間、思路和程式碼的除錯等，都是比賽中的X因子們。

其實這些變因，都可以在賽前預見並設計對策，但多數選手卻是在賽中短短的五小時內，從全力思考題目的腦袋中撥出可貴的腦力資源，來決定這些變因的應對方式。這是很沒效率的做法，畢竟在賽中的高壓力下，只花一點點時間就做出的決策，很難比得上賽前花費幾十、甚至幾百小時琢磨到極致的SOP。

因此，我在TOI前和IOI前，都花了許多時間思考可能遇到的雜事，並且一一設計策略。如此一來，遇到賽場中的雜事，我就只需要照表操課，不需要浪費寶貴的時間和腦力資源。我的目標，就是讓場中的自己只需要煩惱賽前唯一無法解決的困擾：「這題太難我不會」。

賽前的戰術設計

距離比賽日只剩兩週了，我該如何準備？

到了比賽日前兩週左右的時候，基本上來不及學新的主題（如：演算法、資料結構）了。一來很難在這麼短的時間內，把該主題熟練到能靈活運用；二來考試當天恰好考這個主題的機率微乎其微。因此，在這個時間點最要緊的考量，是確保考試當天能夠穩定發揮目前所學。

讀者可能會有疑問：「只要實力夠強，比賽當天自然而然就會發揮啊！為什麼要特地思考要怎麼『確保』穩定發揮？」請回想或翻到第七十八頁我在廁所崩潰那段故事。

棒球比賽中，如果每一位打者的實力都是火星人等級，球來就是全壘打，那確實不需要設計戰術。但是身為地球人，我們的實力有限，比賽的變數又那麼多，我們因此得要考慮，一出局三壘有人時，可以透過比「安打」容易的「高飛犧牲打」得分；才要考慮，打擊率不理想時，要怎麼透過「選球」消耗投手體力。

那面對程式競賽時，何嘗不是如此？

既然現在已經來不及增加自身的「實力」了，那麼就應該開始為自己打造適合的「戰術」。而所謂「戰術」，就是盡量把所有考場中可能會遇到的困難都分析出來，並想好應對之道。最好讓考場中的自己只剩下「這道題目我做不出來」這種煩惱。下一節列出的項目，都是我和競賽圈的朋友曾經在考場中遇到的困擾，以及我的應對之道。讀者如果想到、遇到其他本書未列出的困難，可以參考我的思路，自己思考賽前怎麼準備、賽中怎麼應對。

E4 選手的六大哀號&解決方法

根據我三年來打遍國內與國際資訊競賽的經驗，選手們走出賽場時的哀號不外乎以下六種：

1. 「題目太難了，我都不會做！」
2. 「我誤會題意了，害我浪費好多思考時間！」
3. 「我爲某題設計的演算法是錯的，害我浪費好多編程時間！」
4. 「我卡在某一題卡太久，結果來不及寫其他題目了……」
5. 「我比了若干小時之後就累了，腦袋轉不動了……」
6. 「A題和B題看起來都不太難，但是我在這兩題之間猶豫不決，一下寫A，一下寫B，結果最後兩題都沒拿到滿意的分數……」

絕大部分的選手都知道要增進自己的實力，想辦法減少第一種哀號的發生。然而，他們多把剩下五種視為「運氣不好」，並期望下次比賽時不要那麼衰。但我覺得，所有在比賽的時候遇到的困擾都是平等的。因此，所有可能會影響自己比賽表現的因素，我都會盡量在賽前一一排除。

由於後面這五種情況發生的機率比較小，因此大部分的比賽，與我實力相當的選手分數都不會跟我差太多。但是遇到大型的比賽或是突發狀況的時候，選手的壓力會劇增，這時，我總是能倒贏其他選手不少分數。而我在台灣資奧選訓營（TOI）和國際資奧（IOI）的成績，恰恰證明了這個策略帶給我的巨大優勢。

既然距離考試的時間已經來不及增進實力（第一種哀號）了，現在正好能想想其他困擾的應對之道。第二、三種哀號，可以透過平常練習題目和模擬考，養成好習慣來解決。詳細的練習方法已在E2章節說明。

以下將說明我對第四、五、六種哀號的解決方法。讀者也可以回頭對照我在TOI及IOI的故事（七十八到九十六頁），參考我如何在賽中實際應用以下這些SOP。此外，以下技巧並不限資訊比賽，讀者也可應用在其他領域競賽或大考。

時間分配問題：二十法則

4.「我卡在某一題卡太久，結果來不及寫其他題目了……」

在遇到兩題以上難度偏難的題目候，因為每一題都會分成「簡單部分分數」和「困難部分分數」，選手常常會不知道要繼續想A題的困難部分解法，還是去解B題的簡單部分。我的做法是：一次給每題的困難部分二十分鐘，如果二十分鐘內還沒想出來，就去做其他事（如：想／寫其他題、上廁所、洗臉、吃東西），晚點再回來想。

「二十」這個魔術數字背後是有它的邏輯的。首先，不管是TOI還是IOI，絕大部分的題目都有簡潔的解法。畢竟教授在出題的時候要附上詳解以及正確性證明，出題出得嘈雜瑣碎其實是拿石頭砸自己的腳。所以，題目常常是由一兩個「巧妙性質」加上一兩個「技巧」（如演算法、資料結構、優化、簡化……等）所組成。

這些技巧是選手們平時自主訓練的項目，理當要熟練，所以這二十分鐘，其實是在賭能不能發現那個巧妙性質。以高中等級的題目來說，要找到性質，最難的是要猜對「出發點」（要從哪個方向開始思考）。出發點對了，剩下的步驟（如推導、列出數學式、簡化數學式、處理例外情況）我都可以在二十分鐘內做出來。

如果二十分鐘到了，卻還沒有做出來，這時若我直接換個「出發點」重新開始想，就會因為思考上的慣性，而被上個出發點影響。舉例來說，我嘗試 a 出發點時得出了A結論，A結論無法得出解法，但稍後我嘗試 b 出發點時，卻會一直想要用A結論來強化條件，或是想要類比由 a 到 A 的思考過程。這是我所不樂見的，因為花在 a 出發點的那二十分鐘幾乎沒有參考價值，但是在思考時卻會循著慣性一直參考它。

這就是為什麼需要打斷思路、去做其他事——透過上廁所、洗臉、做其他題的過程，讓自己盡量「忘記」剛剛錯誤的思路，確保能得到一個乾淨的新出發點。

綜上所述，在賽場上多嘗試不同的出發點，各分配二十分鐘，並適當地間隔不同出發點，便能把某題解開的可能性最大化。

然而，比賽和考試有百百種，每種的題目格式、走向、難度都不同；並不是每位選手都和我一樣要花二十分鐘才能把一條思路走好走滿。「二十」並非僵硬不可調整，而是機動可變的。因此我建議讀者可以根據科目、主題、自己的思考速度和比賽的模式來衡量、調整最適合你的數字。

例如，學測之類的大量簡單題考試，或是物理奧林匹亞、化學奧林匹亞等題目量偏大的奧匹比賽，這個魔術數字就會偏小。例如說，數奧出身、轉戰資奧的選手，因為推導數學式和觀察性質的能力比較強，可能只需要十五分鐘就夠了。

又例如說，我參加ＩＯＩ時，因為ＩＯＩ每天的題目總是有一題中等偏易，所以我給每題的前兩次思考時間都是十分鐘，第三次之後才是二十分鐘，這樣可以確保以最快的速度發現那一題簡單題，將其解決，讓自己在開賽初期就拿到分數，進而穩定軍心。

再舉例說明，如果某條思路上有許多數學式，展開重新排列組合需要大量的紙筆運算，或是連續兩三次花了二十分鐘都想不出來，便能考慮把該回合時間稍微提升到二十五分鐘或三十分鐘。

一言以敝之，這個數字有很多的操作空間。但是一定不能違背一開始設計這個數字的大原則：不要在同一條思路上無止盡地思考，花太多時間鑽牛角尖。

體力問題

5.「我比了若干小時之後就累了，腦袋轉不動了……」

TOI一場考試四到五個半小時；IOI一場考試五小時。連續這麼長時間的腦力激盪，如果沒有規畫，可能比到後期就戰力歸零了。對我來說，比到沒力通常是因為體內血糖不夠，沒有辦法支撐腦部長時間高耗能的運算作業。

健身是長期的解決方法：它確實可以讓體力變好、讓思考持久。有關健身的好處，在此不贅述。但是距離比賽日只剩兩週的時候，就算這十四天每天跑十公里，效果還是來不及改善考場表現。所以我用科學的方法建立了一個短期的解決方法：我稱之為「血糖規畫」。

血糖不夠的時候，就要吃點東西提高血糖。但是既不能等到感覺累的時候才吃，那時已經太遲了，也不能每分每秒都在吃東西，這樣會打斷思緒。為了在兩者之間取一個最佳平衡點，我必須清楚掌握每一次進食的效用。

為此，我設計了一個實驗：首先，我在空腹的狀態下開始打線上模擬賽。打到感覺腦袋動不了的時候，記錄一次時間，並吃下該次實驗選定的食物（如：一整包巧克力）。吃完，等到感覺腦袋又動得了的時候，記錄第二次時間，並且重新開始打線上模擬賽。打到沒辦法好好思考的時候，記錄最後一次時間。

這樣便能把各種食物對血糖的效用量化。例如說，半包巧克力會在我進食後的三十分鐘開始作用，效用持續七十五分鐘；一碗粥則能在六十分鐘後維持一百二十分鐘。

有了各種食物的數據，我就可以好好「規畫」賽中吃東西的時間點。假設我參加了一場長度五小時的比賽，並在開賽前九十分鐘吃了一碗粥當早餐，我就可以準備兩包巧克力，並且在開賽後第五十、一百、一百五十、二百分鐘的時候各吃掉半包。經過簡單的數學證明，可以發現我吃東西的時間點，恰好讓我賽中連續五小時都有充足血糖。

因為各項奧匹的比賽時間都是連續進行若干小時，參加各項奧林匹亞的讀者，也能用這個方法，精算自己在賽中進食的時間點。至於會考、學測、指考等大考的考生，因為考場限制嚴格，無法在考試時間進食，建議參考考試當天的時間表，把進食時機規畫在考科之間的休息時間中。

或許有人會覺得血糖規畫的概念很荒唐、偏激，但對我來說，所有可以影響比賽表現的因素都是關鍵。更何況，我確實曾有一場比賽太專注於解題而忘記吃東西，導致比賽最後九十分鐘因為血糖太低完全無法正常思考，只能眼睜睜看著其他選手的分數超過我。那之後我才痛定思痛，開始重視血糖的影響、修正比賽策略，並在一週後的全國賽拿下第一名。

再微小的因素，與其讓賽中的自己頂著考試壓力應付得手忙腳亂，不如在賽前就想好系統化的對策，讓賽中的自己只需要照表操課。

經驗問題

6.「A題和B題看起來都不太難，但是我在這兩題之間猶豫不決，一下寫A，一下寫B，結果最後兩題都沒拿到滿意的分數……」

對於參加各項大考的考生，這可能不成問題——學校排的模擬考、段考、週考、小考早就幫你把經驗填滿了。但是對於各項奧林匹亞選手來說，如果參加的比賽太少，就會不知道如何分配各題的優先順序，也就沒有辦法高效率地解題、拿分。進一步來說，高中生的心理素質不如大學生、社會人士，每個人進考場時都一定會緊張，因此大部分選手臨場都會「爆炸」。

累積經驗的方式，不外乎多做練習題、掌握做題的節奏，以及多打線上賽、模擬賽、實體賽，並在賽後檢討自己的失誤。不過既然已經距離比賽日只剩兩週了，我想介紹一種「偷吃步」的做法。

有經驗的選手，再怎麼緊張，都可以做出最佳的抉擇，成為少部分「不爆炸」的人，從而名列前茅。換言之，經驗的作用，就是在選手的腦中建立各種ＳＯＰ，對於各種情況的應對方式。那麼，我們何不跳過「經驗」這部分，直接設計比賽時的ＳＯＰ呢？

經驗，說穿了就是選手在眾多比賽中發生的各種失誤，並從錯誤中學習。反過來想的話，在賽前設想比賽中可能發生的失誤，並且想好應對之道，就能達成類似的效果了！

一部分的失誤，像是比賽時出現沒見過的題型，以及賽中實作程式碼時的錯誤，在賽前無從得知。但是藉由參考歷屆考古題，還是能獲得一些統計上的事實，如：難度、常考的技巧等。常考的技巧，可以賽前多加練習包含該技巧的題目。至於難度，則可以根據自身實力與期望目標，在賽前事先安排各項目的先後順序，以免賽中猶豫不決。

以我自己為例，因為我的實力和同屆選手比起來算是強的，所以我的流程安排會傾向於「穩穩寫出（實作）所有想得出來的部分」，這樣排名就會穩定保持在前面。

至於「簡單題」，由於可以直接想出困難部分的解法，所以我的順序是：「想出困難部分的解法→實作困難部分的解法」。

我對「困難題」的順序安排也十分保守：「想出簡單部分的解法→實作簡單部分的解法→想出困難部分的解法→實作困難部分的解法」。

合併起來就是：「讀懂每題題目及判定難度→想出簡單題解法→實作簡單題解法→想出困難題簡單部分的解法→實作困難題簡單部分的解法→想出困難題困難部分的解法→實作困難題困難部分的解法」。

相對地，如果期望目標超過自身實力（如：實力排第十五名但只取前十名晉級），便能考慮採取比較冒險的做法：把困難題的困難部分排到簡單部分之前，賭賭看自己的運氣，說不定當天運氣好，做得出困難部分。

另外一提，在某些特殊的賽制下，評分系統會獎勵快速做出困難題的選手。這時甚至會有選手採用非常激進的做法：把困難題排到簡單題之前。

跟什麼都沒有比起來，排出這個順序已經能大幅提升賽中效率了，但是總有計畫趕不上變化的時候。這時，經驗就顯現出它的可貴之處了。因此，我們也應該對剛剛的「紙上談兵」引入一些「實戰數據」。

不管什麼樣的題目、比賽，都能累積經驗，但是比賽當頭，時間有限，因此我們採取其中CP值最高的做法：考古模擬賽。有關考古模擬賽的細節，會在另外一章詳述。

經過考古模擬賽修正後的SOP，已經最大可能地把賽中可能出的差錯排除了。剩下的，就是無止盡地累積經驗，發生各種稀有、少見的失誤後修正之。

下頁是我的IOI流程圖（SOP），供讀者參考。

我的 IOI 流程圖（SOP）

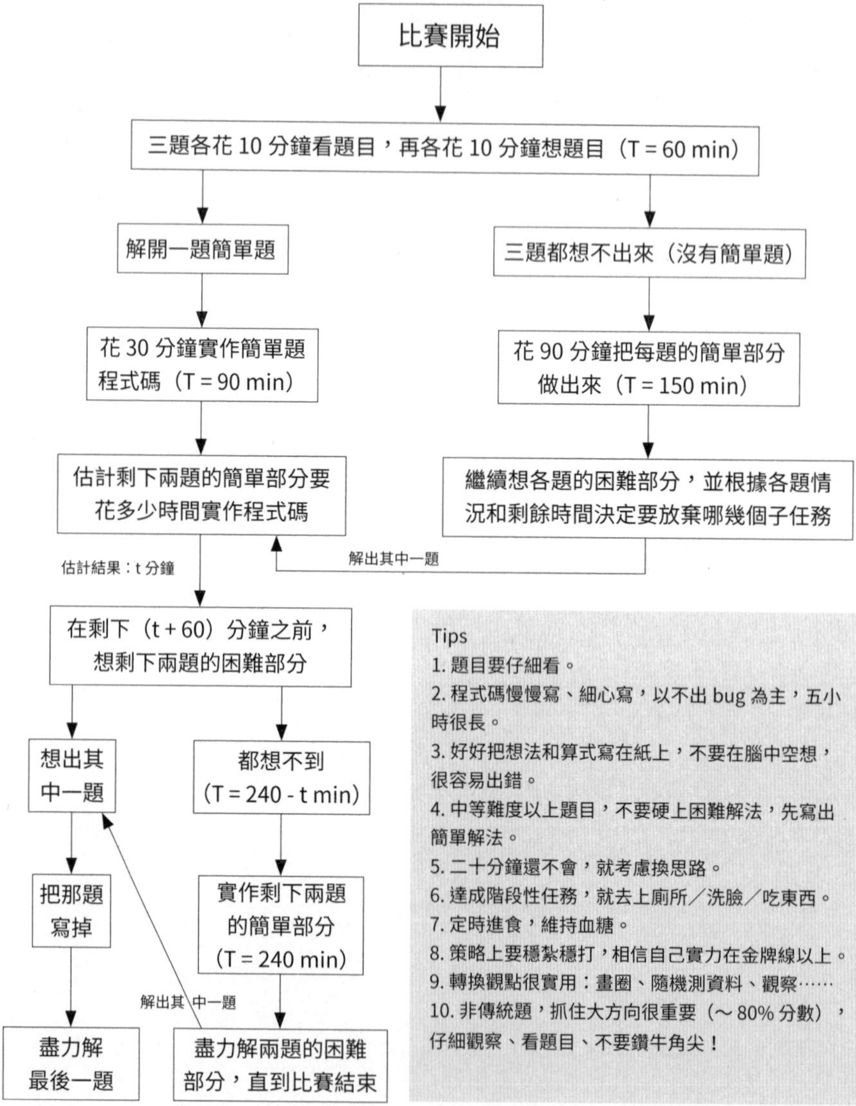
比賽開始
三題各花 10 分鐘看題目，再各花 10 分鐘想題目（T = 60 min）
解開一題簡單題
三題都想不出來（沒有簡單題）
花 30 分鐘實作簡單題程式碼（T = 90 min）
花 90 分鐘把每題的簡單部分做出來（T = 150 min）
估計剩下兩題的簡單部分要花多少時間實作程式碼
繼續想各題的困難部分，並根據各題情況和剩餘時間決定要放棄哪幾個子任務
解出其中一題
估計結果：t 分鐘
在剩下（t + 60）分鐘之前，想剩下兩題的困難部分
想出其中一題
都想不到（T = 240 - t min）
把那題寫掉
實作剩下兩題的簡單部分（T = 240 min）
解出其 中一題
盡力解最後一題
盡力解兩題的困難部分，直到比賽結束

Tips

1. 題目要仔細看。
2. 程式碼慢慢寫、細心寫，以不出 bug 為主，五小時很長。
3. 好好把想法和算式寫在紙上，不要在腦中空想，很容易出錯。
4. 中等難度以上題目，不要硬上困難解法，先寫出簡單解法。
5. 二十分鐘還不會，就考慮換思路。
6. 達成階段性任務，就去上廁所／洗臉／吃東西。
7. 定時進食，維持血糖。
8. 策略上要穩紮穩打，相信自己實力在金牌線以上。
9. 轉換觀點很實用：畫圈、隨機測資料、觀察……
10. 非傳統題，抓住大方向很重要（～ 80% 分數），仔細觀察、看題目、不要鑽牛角尖！

右圖中，左半部是考慮到上述四種困擾，經過共計五十小時的考古模擬賽後，優化到極致的ＳＯＰ；右半部是我曾遇過的其他稀有失誤情況。

根據每個人的思考模式不同，各個因素造成賽中失誤的機率也大不相同。例如，我在成為資訊競賽選手之前參加過數學競賽，因此我面對包含許多數學式推演的題目沒有延長思考時間；我對自己的編程速度有信心，想得出來的解法一定寫得出來，所以沒有列入「想出的解法太冗長，無法實作」的影響；我從考古模擬賽得出的落點預估是金牌，所以這個ＳＯＰ是以「穩定發揮」為中心思想，不適合「孤注一擲」或尋求「超常發揮」的選手。

因此，我不鼓勵讀者遇到任何狀況都直接抄用這個ＳＯＰ，我建議讀者根據自己的情形以及曾發生過的失誤，設計最適合你的ＳＯＰ。

隨著資訊科學的發展，以後的比賽走向或許會改變，讀者也可能在走出考場時聽見異於前述六種的新型哀號。這時，能使哀號的效用超越情緒發洩，就是邁向頂尖選手的第一步。

設計模板

因為 C++ 程式語言的嚴謹性，同一個演算法的程式碼長度常常是其他程式語言的兩三倍起跳。因此程式競賽選手常常會自行設計模板 (template)，並讓程式碼編輯器預設載入之。在線上題庫中甚至能看到一些頂尖的選手，有著一百行程式碼以上的模板，為的就是在線上比賽中節省時間。

常見的模板功能有：自製輸出器和輸入器、把太冗長的關鍵字和語法簡化（如：for 迴圈、long long 超長整數、pair<int,int> 整數對）、巨集定義常用的常數（如：圓周率、模運算中常用的模 (10^9+7)、可以視為無限大的極大數 (10^18))、自製除錯器……我建議讀者趁賽前最後兩週，多查看線上題庫各選手的程式碼，從中挑選自己喜歡的功能，設計自己合用的模板，並在這兩週內以此練習題目。

但是，實體比賽不允許選手攜帶任何形式的電子檔案，高中階段的比賽甚至不允許紙本參考資料，所以模板只能自己先記憶起來，比賽開始時逐字敲進電腦裡。因此讀者設計模板時，應該根據自己的記憶力與打字速度來取捨各項功能。

```
#include <bits/stdc++.h>
using namespace std;
typedef long long ll;
typedef pair<int,int> pii;
#define SZ(x) ((int)(x).size())
#define ALL(x) (x).begin(),(x).end()
#define REP(i,n) for(int i=0;i<(n);i++)
#define REP1(i,a,b) for(int i=(a);i<=(b);i++)
#define F first
#define S second
#define mkp make_pair
#define pb push_back
#ifdef darry140
#define debug(...) do{\
    fprintf(stderr,"%s - %d : (%s) = ",__PRETTY_FUNCTION__,__LINE__,#__VA_ARGS__);\
    _DO(__VA_ARGS__);\
}while(0)
template<typename I>void _DO(I&&x){cerr<<x<<endl;}
template<typename I,typename...T>void _DO(I&&x,T&&...tail){cerr<<x<<", ";_DO(tail...);}
#else
#define debug(...)
#endif
//}}}

int main()
{

    return 0;
}

```

本頁為我在 TOI 選訓營中使用的模板，供讀者參考。其中實作了輸入器、除錯器，以及一些關鍵字、語法的簡化。以我的打字速度，全部打完大約需要三分半鐘。

E5 最後關頭衝刺

距離正式比賽（大考）剩兩週時，該做什麼？

前面提到的三部曲，這段時間適合把「學習」拿掉，剩下「比賽」和「練題」。畢竟，就算硬是在這段時間學了新的技巧，也來不及熟練它，正式比賽考到這個新技巧的機率也是微乎其微。因此，這段時間的「練題」會著重在複習已知的項目，「比賽」時也會開始練習使用為正式比賽設計的策略。

除了複習已知的項目，我也會建議開始寫各國、高中資奧的題目。這些題目都會遵守國際資奧的命題大綱，因此會比較接近正式比賽的題型，也能避免出現生僻的高難度技巧，幫助自己習慣在高中等級比賽的範圍內思考。

此外，這個時候也可以開始「刷水題」，也就是用比平常更快的速度練習簡單題。這樣做，一來可以在短期內提升自己的編程速度和穩定度，有助於在高壓的正式比賽中穩定地「輸出戰力」，二來也有助於在正式比賽時快狠準地拿下簡單的、會做的題目或部分分數。

排除硬體陌生度：適應比賽用鍵盤

鍵盤作為程式碼唯一的輸入工具，對選手編程（編寫程式碼）速度造成的影響可能很大。

以我自己為例，從熟悉的鍵盤換到陌生的鍵盤，編程速度會慢上百分之三十左右。尤其是在比賽的高壓環境中，常會因為鍵位（按鍵位置）的差異，一直鬼打牆般地按到旁邊的鍵。這種在比賽中既影響表現又影響心情的因素，也要盡可能排除。

在最理想的情況下，競賽主辦方會允許選手自備鍵盤（如：國際資訊奧林匹亞、部分縣市的資訊學科能力競賽複賽），這時就應該帶著自己在家裡最常使用的鍵盤去比賽。但如果家裡的鍵盤太破舊，打起字來不順暢的話，我會建議直接選購一個自己打得最順手的新鍵盤，並把它認定為唯一的輸入工具：在家用桌機做報告時用這一個，學校上資訊課時外接這一把，就連用筆電時都把鍵盤接上去打字。這樣除了平常打字手會比較舒服之外，也能幫助自己快速適應新鍵盤，提升比賽效能。

我看過軟體工程師選定一個機械式鍵盤後，一口氣買了四個：一個外出用、一個放公司、一個放家裡、一個放學校，其實是同樣的道理。我想，對於每天打字八小時的人而言，打字速度跟不上思考速度是很痛苦的一件事吧！

但大部分情況下，主辦方都不會允許自備電子設備。這個情況下，可以上主辦方的網站查詢硬體規格中的鍵盤型號，並且想辦法找到那一把鍵盤。如果網站上沒有寫，可以寫信或打電話詢問主辦方，他們一般都會告知。

我還記得我在資訊奧林匹亞選訓營之前，為了找到師大電腦教室裡那種廠商附贈的鍵盤煩惱著，結果發現高中電腦教室的鍵盤竟然長得跟師大考場中的一模一樣！我便直接要求借用電腦教室的鍵盤兩個月。

而如果找不到也買不到需要的特定型號鍵盤的話，可以退而求其次，在網路上找到該鍵盤的商品圖片，並照著它尋找按鍵結構和鍵位相似的鍵盤。鍵盤按鍵的結構林林總總：機械式、薄膜式、巧克力、剪刀腳……等，結構不同的話，打字的手感會相差許多！

最後，如果因為各種因素，真的來不及準備鍵盤，也不用太緊張。以我來說，適應陌生的鍵盤只要一個小時多，之後便可以恢復平常八到九成的打字速度了。雖然每個人適應鍵盤的速度不同，但比賽時間那麼長（三到五小時不等），我想最後總是可以順利編程的。

此外，沒有鍵盤也有沒有鍵盤的準備方式。例如，可以在自己的競賽SOP中把編寫簡單題程式碼的順位往前調，藉此提早適應比賽中的鍵盤。不讓各種力不能及的因素影響賽前心情，才是最重要的。

最後四十八小時的衝刺

我後天就要比賽／大考了，還能做什麼準備嗎？

比賽前的四十八小時是很關鍵的時間，因為這段時間做的任何事，對賽中表現的影響程度最大！儘管如此，這麼短的時間，對提升實力的幫助（如：練習新題型）還是少得可憐，卻可能一不小心就讓賽中表現大爆炸（如：吃壞肚子）！因此，這段時間的最大考量，就是盡可能地確保自己在賽中發揮的穩定度。

【賽前／考前兩天】

- 最重要的是確保自己的身體狀況：

睡眠充足、清淡飲食、耍廢紓壓，並且一定要避免讓手指受傷！另外，這段時間也可以開始把自己的模板背起來。

- 練題時，要避免寫太難、太生僻的題目。

除了繼續「刷水題」之外，這種時候花太多時間在同一題上，比賽時的潛意識上就會一直想起這題，導致思考被局限住。

以我為例，我剛學會FFT（快速傅立葉轉換）時，練習時只練了兩、三題，結果連續三、四天，線上賽看到難題時都會第一個想到FFT……此外，練題時只練習中等難度以下的題目，也能在無形中提升自己的自信，感覺自己看到的題目都能做出來！

【正式比賽／考前幾小時】進行「暖身」動作。

- 自己的模板默背三、五遍，確保自己在賽場中打得出來。
- 調整自己的心智情況：壓力太大的話就要廢、轉移注意力，若覺得不太清醒，寫一兩題水題把思路打開、讓大腦暖身……等。
- 如果賽前有做血糖規畫，可考慮在這段時間開始執行。

【比賽／考試時注意事項】

不管是SOP也好，時間分配也罷，根據前文而做的所有準備，就是要賽中表現出來。不過，也有若干瑣碎的小項目，不需要準備也可以在賽中執行，我在這裡就把我所知道的一一列出：

- 開賽時，如果沒有特別的SOP設計，先把每一題都看過一遍，並估計各題難度，會讓後面的時間分配比較順利。
- 估計題目難度時，可以把各個部分分數分類成「易」、「中」、「難」，並藉此估算這場比賽時的期望總分數，這樣有助於在公開計分板的比賽中規畫策略，如：發現晉級門檻名次的對應分數太高時，就能考慮賭一把，直接寫分數較高的「中」、「難」部分分數。
- 在SOP章節中提到的「不要看錯、想錯題目」，可以在這時候執行：題目逐字慢慢看、看兩遍，思考時仔細求證並尋找可能的盲點。

如果思考某題時發現難度太高，可以再仔細閱讀一遍題目，因爲可能有漏掉的條件、性質，或是誤解了題意。

- 不要讓賽中的情緒凌駕於自己賽前做的各種規畫之上；在賽中各種壓力和情緒下做的決策，一定不比賽前花了好幾個月調校的策略。
- 控制自己賽中的情緒也很重要。做題做得很悶、很挫折的時候，不妨出考場走一走，洗把臉，吃點東西，重新開始！
- 卡在某道難題時，可以試試把題目的各種條件圖像化，有助於發現性質。
- 寫中等難度以上的題目時，可以先想辦法取得部分分數，這樣可以將各階段部分分數當成「存檔點」使用，方便除錯，到手的部分分數也有助於穩定心情。

（上）幼稚園時玩七巧板很開心，每拼出一張就請媽媽幫我拍一張。（圖片提供／何達睿）
（下）小學三年級得到數學奧林匹克一等獎，爸爸帶我去日本玩。（圖片提供／何達睿）

（上）2015 年代表台灣出國參加 ISSC 國際青年程式競賽，在機場等待轉機。左起：詹振宏、陳彥霖、我。（圖片提供／蔡明原）
（下）在斯里蘭卡參加 ISSC 競賽，和他國選手交流的照片。團隊中我（右三）英文最好，所以負責大部分的溝通。（圖片提供／蔡明原）

（上）得到ISSC銀牌後，「實中之光 Hall of Fame」的掛牌儀式。當時被問到：「你接下來有信心在資奧拿『金牌』嗎？」我答：「信心，是估計自己實力所推演出的落點分析，並允許若干誤差而得出的數據；決心，則是堅定自己道路，一步一腳印增強實力。我目前還沒估算出我的信心，但是我很確定我有決心！」（圖片提供／蔡明原）
（下）我（右一）和余柏序（左一）、洪駿輝（左二）參加2017年的YTP少年圖靈計畫比賽。（圖片提供／精誠資訊 - YTP少年圖靈計畫）

(上) IOI 2016 兩天賽程之間，大會帶我們去河邊騎協力車。左起：我、楊皓丞、顏睿楠、余柏序。我和余柏序上車時都想要當駕駛，最後決定他控制方向盤，我控制煞車。（圖片提供／何達睿）

(下) IOI 比賽前一天，開放選手測試設備，右一為帶隊的李忠謀教授。會場天花板掛滿參賽國國旗，現場深深感受到代表國家出賽的榮耀，緊張又興奮。（圖片提供／李忠謀）

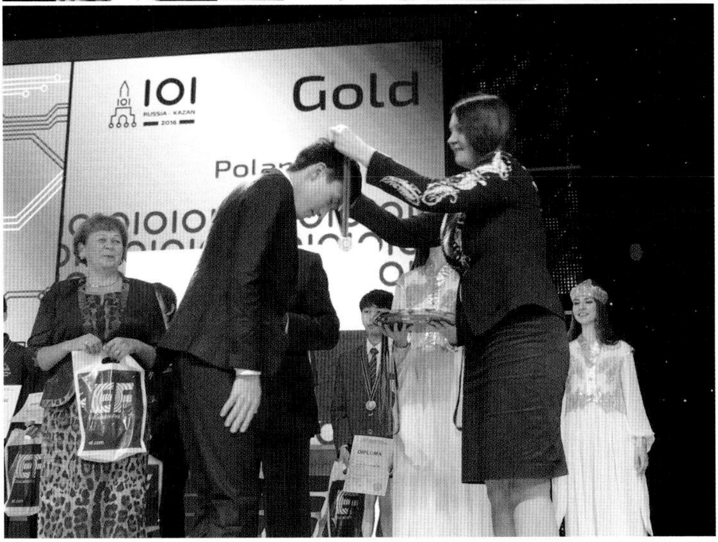

（上）IOI 2016 開幕典禮前的合照。中間藍色衣服是台灣四位國手，左起：余柏序、顏睿楠、我、楊皓丞，右一為張鈞法教授。（圖片提供／李忠謀）
（下）IOI 2016 頒獎典禮，主持人幫我掛上金牌。有趣的是，歐美選手上台領獎穿的都是便服，但是亞洲選手上台都穿西裝。（圖片提供／李忠謀）

（上）拿過資奧和數奧雙金牌的陳伯恩學長（右一）啟發我非常大。圖為 2017 年初我們在實驗中學一起分享得到 IOI 金牌的心路歷程。網路上搜尋「IOI 金牌的對話」就可找到影片。（圖片提供／蔡明原）

（下）2017 年全班畢業典禮的合照，我在左三，右一是導師林淑真老師，在這五百天中給我非常大的支持。（圖片提供／何達睿）

（上）跟著我到美國 MIT 進行人生新階段的吉祥物。左二是我非常喜歡的日本動畫人物纏流子，象徵追求目標的勇氣。（圖片提供／何達睿）
（下）我身後是 MIT 最具代表性的建築物 Great Dome（大圓頂）。Great Dome 相當於 MIT 的第二校徽，所有來 MIT 的人都一定要和它合照一張。（圖片提供／ Rex How）

2017 年秋在 MIT 宿舍前留影，我要在 MIT 找到下一個夢想。（圖片提供／ Rex How）

附錄 1
資奧隊友余柏序的故事

我和達睿是同一屆代表台灣參加國際資訊奧林匹亞的國手，當時我就讀高雄中學科學班三年級，大他一屆，現在是台灣大學資訊工程系二年級的學生。為了拚資奧這條路，高三時的我比達睿更沒退路，也經過不少奮鬥和抗爭，以下我稍微分享自己的經驗，不管讀者是學生、老師或是爸媽，都希望可以有所參考或幫助。

接觸程式的開始

我從小就很著迷凡事都能回答「為什麼」的科學，高雄中學的科學班是我國中以前夢寐以求的班，但總覺得遙不可及、連擦身都沒有機會，因此事前也沒有任何準備。沒想到竟然考上了，真的非常驚喜也很開心。

我第一次「知道」有程式這件事，是高一科學班的暑期新生訓練營，國三則是聽數學老師講過一次。在那之前，我為了解出某個益智遊戲題目，克難地用 Scratch 拼了一個腳本出來，結果電腦跑了四天三夜，計算出二十三個解法。於是從那時起，我就不再玩任何益智遊戲了，因為我領悟到這些都只是些簡單的規則，差別只在拚熟練度。此外，題目又常常有錯誤，而電腦總是可以做得更好。話說回來，當我聽說 C++ 的速度比 Scratch 快很多時，就開始好奇電腦到底可以在多短的時間內解出那個二十三解的益智題。

於是接下來一個星期，我幾乎天天跑去找老師請教各種 Scratch 對應到 C++ 的用法。當中發生很多有趣的事，例如「C++ 有列表嗎？」這個問題，我和老師都被對方的用語迷惑了很久，最後發現 Scratch 的列表其實就是 C++ 的陣列。一個月之後我勉強拼湊出的 C++ 解題程式，只用了四個半小時就解出了相同的題目。題外話，三年多後的今天，我發現同學玩著規則一模一樣的益智遊戲，馬上就將程式秀給他看了（笑）。

對沒有補過習的我來說，科學班同學各個都是菁英中的菁英，在他們眼中，我還停留在國中等級吧。但憑著對程式一股單純的熱情，高一下之後，每次的資訊課考試，我都是全班第一名，這件事同樣令我感到不可思議。

高雄中學科學班有分組，資訊組是其中之一。為了同時加入資訊組和程式設計社社團，我甚至和父母大吵三天三夜，他們的理由是「寫程式和課業無關」，但我猜他們當時認為程式設計就是玩電腦遊戲。

題外話，我爸媽總是說他們是最民主的。

之後，我也在老師提供的資訊下陸續參與各種零星的程式競賽，事前總是瞞著父母，生怕他們會在賽前想辦法阻止我。漸漸地，我的比賽成績越來越進步，父母對於我寫程式的態度也終於從反對轉為支持。

高二時我甚至一路衝進了全國最高資訊殿堂——台灣資訊奧林匹亞選訓營（TOI），這個消息似乎震驚了所有人，因為我只要再挺過一次選拔，就可以獲得第一志願台大資工系的推薦入學資格了！

然而，沒有絲毫經驗的我，第一次考試在TOI選訓營三十個人當中墊底，第二次考試雖然衝到第二，但兩次考試加起來的成績依然讓我以一分之差錯過薦送大學的機會。

決定拚資奧的轉捩點

在此之前，我總是將「學校課業」放在興趣——「寫程式」之前，但經歷過這麼多刺激的事件，我當時知道自己該抉擇了，到底要拚課業考學測，還是拚資奧爭保送？兩種方式都只有一次機會。而且，跟達睿一樣，我很清楚時間有限，如果想兩邊都顧全，結果非常可能導致雙雙落榜，我必須擇一。

我內心的答案非常明確。但面對這種可能改變人生的抉擇，我還是去做了一番研究，除了數一數所有可能打敗自己的對手之外，我甚至去查了民國八十七年的出生率，判斷跟我同年紀的潛在競爭者數量；我也請教了學校的資訊老師，但資訊老師始終要我自己為自己做決定。我還向導師和其他一些老師、學長請益，他們似乎也偏好保守的學測路線。而我父母則是大力反對，叫我不要把雞蛋放在同一個籃子裡。

即使師長們的建議都偏向讀課綱拚學測，或者兩邊兼顧，但我自己做的種種研究，都指出拚資奧對我較有利。去年差一分的戰績，是最具說服力的指標，但也並非唯一。我先前光靠興趣就能有這種成績，更何況若我將此當作大考認真準備？此外，和我同年或晚一年的出生率特別低，表示潛在的競爭者少。

我知道自己還有哪些演算法待學，因此準備資訊競賽的路線、方式非常明確；我也很清楚自己和對手們的知識差距，在這差距中不管多學什麼，前一年差一分的戰績都有非常大的提升空間。

反觀學測這條路：我邏輯性強，但國文語感特差，雖然做理科題目毫不費力，但做國文題目很容易產生異於出題老師的邏輯，這點對我參加學測特別不利，對指考也是一大風險；而培養語感至少需要數年時間，現在開始為時已晚。

我還想說，與其把雞蛋丟到不同的籃子任它們自生自滅，不如用盡全力選一個最好的位置，建造一個最堅固的堡壘，來保護所有的雞蛋。

調查分析下來，客觀上我完全找不到理由支持「讀課綱、拚學測的路線風險較小」的說法。為了選擇拚資奧這條路，我和父母又大吵了整整一個星期，直到他們失望透頂地宣告放棄，不少老師也對我的選擇抱持懷疑的態度。

但是這明明就是一個有客觀依據、非常顯而易見的選擇，我卻被逼得不得不把這當作一筆超級賭注。

說真的，我只要求上大學之後可以繼續每天寫程式就好。我也想過，資奧路線要是失敗了，依我原本的實力，學測再怎麼樣我也應該有大學資工系可以念，說不定進大學後還可以當第一名呢！更何況指考也還有機會。

但當時為了說服父母，我只好拿當初資奧選訓營教授說的玩笑話來安慰他們：「什麼？你問我學測有科目考零分怎麼辦，呃……沒問題，我們還是歡迎你們來讀資工系。」

但也不要覺得我的想法好像稍微負面、看起來不太有把握，我當時可是有百分之九十九的信心可以在選訓營成功晉級，獲得保送！反正船到橋頭自然直，只要選擇當下認為最好的決定就好，之後也沒理由後悔。畢竟，當初知道的資訊就是那些，會做出那樣的決定也是理所當然。

就這樣，雖然高一剛接觸就對程式產生濃厚興趣，但高二下的我才真正開始認真準備競賽。

我對程式的看法

程式對我來說，就是一個更自由、更不受拘束的實驗。

小學時，我常常喜歡自己做玩具來玩，我稱做實驗。不想父母花錢，也想貫徹環保的行動，因此實驗的材料統統都是原本就要丟掉的寶特瓶、冰棒棍、吸管，其他如電子零件、彈簧、塑膠板等也是從壞掉的家電用品中拆卸下來。

有幾次，面臨材料短缺的問題，我每天詢問爸媽：「家裡的印表機什麼時候會壞掉？」爸爸因此嚇出一身冷汗，叮嚀媽媽一定要看好家裡那台印表機，不要被兒子給拆了。

現實生活中的實驗就是如此受物質限制，因此當我一踏入程式世界，馬上著迷，因為我再也不用擔心任何物質條件的不足！

此外，實驗過程出差錯，在程式世界中，不用重新開始，因為隨時可以輕易備份；想做多少就做多少，不必擔心家裡空間不夠；作品可以永久保存，不必擔心時間久了會損壞；所有材料都免費，要多少有多少；高度挑戰性和抽象性對喜歡思考、解決問題的我來說，更是一大樂事。就這樣，我衝上了程式設計之路，難以回頭。

「code 風景區」的成立

其實我第一次寫部落格，就是在大學去處還未定的關鍵時期。我有一位學長——陳柏叡，在二〇一五年拿下資奧金牌，他發現藉由寫部落格分析競賽難題，思緒會更清晰，建議我也寫一下部落格，我就在他的指導下成立了「code 風景區」（學長的部落格叫做「code 倉庫」）。

我二〇一五年那屆落選，但還是繼續寫部落格文章，分享對於各種競賽題目的研究成果。思緒未必因此變得比較清晰，但我希望藉由清楚明瞭的分析，向大家展示程式和演算法其實也可以很有趣、很親民。

同時，藉由發表部落格文章，不但可以認識更多志同道合的朋友，朋友間也更能直接深入核心討論相關的延伸想法。此外，想通某個演算法只是一時的，時間一久總是會忘記而得重新思考，藉由先前自己寫的教學文章，我可以更快、更容易地重新將思緒搬回軌道上。還有最後一點，就是看著自己部落格瀏覽量一格一格跳，是一件很開心的事情。

在準備決戰資奧的這段時間，我受到許多人幫助：有的人興致勃勃和我分享題目、也有熱心幫我解釋演算法、隨時關心鼓勵我、提醒我重要考試時間，以及在各大比賽中互相競爭磨練彼此的戰友，才能有後來的成就。此外，李青育老師慷慨出借電腦教室鑰匙、教官幫忙簡化請假程序，面臨心靈上困境時，導師和同學的陪伴也都幫助我很多。我很難一個個回報，曾經想過：盡全力打出漂亮的一戰，就是給他們最好的交代了吧？但想來想去，還是覺得多做點什麼比較好。

一路走來，其實頗顛簸，因為除了上網搜尋和偶爾暑假學長們會回來指導一下之外，我當時可以取得的學習資源實在很少。幾乎只能靠自己拚命上網搜尋，找不到就硬著頭皮用力想、用力測試。

對我來說，這是個有趣的過程，讓我學會自己找出路，但對別人而言可能就不是了。一般人常常面臨簡單的問題，卻沒有足夠信心可以自行找到解法，也沒有人可以請教。在我當上資奧國手後，很多人來問我問題，但許多問題是重複的，一個個回答花費的時間很不值得，因此一直想要建立一個公開的地方統一解惑。這點我想和達睿想寫書的動機應該一樣。

有一天，高中資訊老師來找我，因為市面上的程式入門書不是廢話太多，就是用專業術語草草帶過，沒有一本真正適合程式新手的書，所以想請我幫忙撰寫給新手的程式入門教材。剛好，那時部落格已經成立一段時間，我也學會了一些在網頁上排版、寫數學式的技巧，因此「code 風景區」上第一篇新手教學——〈給新手的 C++ 教學〉就誕生了。

我真的花了很大的心力寫這一系列教學文章，寫的當時，我離剛學 C++ 的時間不遠，還依稀記得當初學程式時踩過的各種地雷，以及誤解的各種概念，我想讓這一系列教學成為網路上對新手最友善的免費 C++ 教學之一，我希望可以讓初學者學最少的東西、做最多的事，然後他們會產生興趣和能力自行去探索更多的程式之美！

〈給新手的 C++ 教學〉是目前網路上最親民的 C++ 新手教學之一，這點已通過網友們的認證。我很高興，因為這代表這一系列教學的最終使命已經完美達成了。我成立「code 風景區」的宗旨之一，也是要讓大家知道，寫程式就像欣賞風景一樣地快樂！

高中製作的遊戲——「鑽礦遊戲 Digging Game 2」

其實我當初製作這個遊戲純粹出於好玩。雄中科學班有一個不成文的傳統：每年高二升高三時，我們會舉辦成果發表會，邀請其他地區的高中，甚至一兩所中、小學的同學前來參與。我們會將這兩年多所學，透過專題發表呈現給其他人。

我本來想用高一下學期某次期中考前，花了三天三夜寫出、用來幫助自己背英文單字的測驗軟體來當作成果發表會專題。但之後由於我陸續又製作出了數十件程式作品，當初的英文單字測驗軟體不再那麼令我驚豔，我開始想，到底什麼東西會讓成果發表會的觀眾最感興趣？

當然就是遊戲了。小時候我玩過一款遊戲，叫做「鑽礦遊戲」，很好玩，但仍有許多可以改進的地方，礙於我沒有遊戲的程式碼，我無法將這個遊戲改造得更好玩。因此我腦中浮現一個想法：「我要寫出比它更好玩的升級版。」於是，「鑽礦遊戲重新改造計畫」就這麼啟動了。

這類遊戲很好玩，又不需要太多劇情、角色等需要大量人力製作的內容，因此算是一個比較容易重新撰寫、成效又好的遊戲。但當初沒有經驗的我，很高興地快速弄出一個精簡版本之後，發現每次想要加入更多的元素，都需要大費周章地更改程式碼，也需要重新思考每一行程式碼中各個邏輯的正確性。

很快我就覺得這樣行不通，因此後來又再以「方便後續添加功能」的方式重新撰寫所有的程式碼，並將程式專案名稱重新取名為「Digging Game 2」，這就是「鑽礦遊戲 Digging Game 2」這個名字的由來。

我在遊戲中加入了任何我想加入的功能，包括各種彩蛋，非常爽快，不過我還是沒能來得及將所有可以讓遊戲更好玩的想法展現出來。當然，我製作遊戲過程中解決的瓶頸和困難少說也有數十個，在成果發表會中我舉出了其中的七個。

「鑽礦遊戲 Digging Game 2」也是我當時寫過最複雜的程式，擁有超過 5555 行程式碼，要是當初沒有重寫，遊戲內容不可能這麼豐富。

遊戲接近完成前，我給幾個朋友試玩，已經有很好的效果，曾經締造「一個月內讓超過二十三人連續玩超過五個小時」的紀錄，我的「遊戲首重畫面」理論奏效！在之後的成果發表會中，這個遊戲也成為發表會中最受歡迎的專題，還有人表示：「這才是真正的資訊組。」也有人問：「講太快了，內容這麼豐富為什麼不講久一點？」

關於「鑽礦遊戲 Digging Game 2」還有一個小故事。成果發表會結束後，我開始準備拚資奧，過程中認識了外國網友——uDebug。UVa 是世界最悠久龐大的線上評測系統，uDebug 就是全世界上百萬人用來查看 UVa 評測結果的工具，因此其作者 uDebug 在競賽程式中算是相當有名的人。

我們在某次討論中提到了我的遊戲，uDebug 非常驚喜，說他一定要分享給 Google、Microsoft、Facebook 等大公司知道，當他想要幫我分享時，得知我並沒有幫這個遊戲建立粉絲專頁，因此要求我一定要建立一個，於是我才成立了「鑽礦遊戲 Digging Game 2」的 FB 粉絲專頁。

雖然最後那些大公司沒有動作，不過這算是我高中生涯中一個很有趣的小插曲，我也很感謝當初 uDebug 對我這個遊戲作品的重視，後來有沒有因此得利其實倒無所謂。

給爸媽們的真心話

關於升學和選科系，我覺得許多父母的觀念真的要改，每個科系有每個科系的專業，不是分數越高的科系就越好。

我先提個看法：目前世界上許多國家資工系的熱門程度都已經壓倒性贏過電機系了，但為什麼在台灣還是電機系的分數高於資工系？這是因為電機系過往分數高，家長都要求小孩去念電機系；因此電機系申請人數過多，導致分數門檻提高；然後又由於電機系分數高，因此下一代的家長繼續要求小孩去念電機系……醫學系可能也是一樣的道理。

各位看懂了嗎？分數高完全不是因為該科系比較好！這是惡性循環，需要全台灣的家長們一起改變觀念。當然，你也可以說台灣就是做硬體的，當然電機系比較熱門。這是另外一個角度，但我建議你考慮一下別的可能性，並親身確認一下。

至於為什麼我會有這樣的看法，因為當初入選資奧國手並奪牌後，爭取到保送名額，我填的志願依序為：台大資工→交大資工→清大資工；拿給媽媽簽名時，馬上被命令將第二志願改成台大電機。不過，我父母說自己民主也不是說假的，二天後媽媽默默傳訊息給我，說我其實也可以不用填台大電機。

他們不敢改我的第一志願，是因為我的興趣、志向實在太明顯了，他們知道如果硬要改，絕對會掀起第N次家庭革命。

但是，如果是那些和我一樣喜歡寫程式，卻沒有注重資訊競賽的同學們呢？他們有什麼籌碼可以跟師長溝通以堅持自己的興趣？

又或者，如果他們的興趣是其他完全沒有公開競賽的項目呢？可能就沒有成績獎牌可以用來說服父母師長。

我很幸運，我父母雖然很難搞，但其實真的算民主，但我相信大部分的同學們在選擇未來的道路上都受過委屈。這真的不是小孩單方面有作為、表現好就能解決的問題，因為雖然有的家長自稱「很民主」，但還是有能力以不同方式影響小孩的志願選擇。不要再說台灣學生很草莓、很容易屈服，我覺得控制他們的家長才是最大的問題。

最難過的是，我有位數學非常厲害、對程式也有興趣的高中同學，就是因為家長的關係，到現在還為了台大醫學系在重考，他已經重考第二年了……但明明有很多選擇都比台大醫學系要適合他更多……

以我而言，我很清楚電機系和資工系是完全不同的科系。我選擇資工系不是盲目追求分數、排名和熱門度，因為連我當初選志願時也以為資工系是冷門科系，請家長們放心移除那些不必要的閒雜疑慮。小孩自己對自己喜歡的領域最有研究，請相信我們的選擇。

認識達睿

我滿晚才認識達睿，但經過激烈的較勁和頻繁的互動之後，反而成為彼此最不可或缺的朋友之一。跟達睿變熟應該是高三那年，那是我最後一次參加資訊奧林匹亞的機會。

在那之前，我參加了一場資訊競賽，事前瀏覽了一下隊伍名單，因為去年選訓營認識不少志同好友，誰的實力在哪裡，大概都可以判斷得出來。我們這一隊甚至已經列出所有實力和我們相當的隊伍，列為關注賽中進展的對象。最後，我們很幸運地比「對手名單」內的任何隊伍都還要早「破台」（賽內解出所有題目，對絕大部分的參賽者來說這是一種奢求）。

出乎意料的是，我們並沒有拿到第一名，而第一名的隊伍，就是達睿組的隊伍。此後，我對達睿印象深刻。對我來說，在這攸關我大學去處的關鍵時期，他是眾多對手中，一匹黑馬中的黑馬。

雖然之後達睿並非總是在其他比賽中奪冠（題外話，我也屢屢獲得第二名，但每次第一名的人或隊伍都不同），但我依然持續關注他，希望有一天能和達睿成為好朋友，互相切磋，一起在比賽中晉級到下一個階段。

當然，我會盡量不讓父母知道有人可能在比賽中贏過我，以免他們又開始擔心拚資奧這條路太不保險。但其實有人贏過我是再正常不過的事。

在高中階段能有同樣喜歡寫程式的好朋友是很不容易的，因此我非常重視在選訓營認識的朋友們，極度渴望能夠和他們一起進入大學第一志願。但殘酷的現實讓我們必須互相競爭，以爭取那全國僅有的數個保送名額。幸運的是，依然有不少選訓營朋友仍樂於和我分享他們在演算法方面的研究成果，並幫助我解決各種問題（其實我們都會互相幫忙），達睿就是其中一位。

正當我自覺高中「就」開始寫程式而得意洋洋，殊不知達睿在國中就已經大展長才，參與資訊競賽，最讓我驚訝的是，他的 Mac 電腦當初有一半是用自己的獎金出的，那可是不少錢啊！但也正因如此，我更努力認真地練習程式，生怕同屆還有更多我不知道的、像達睿這樣的大黑馬出線，讓我慘失大學保送名額。

其實我最初拚資奧的動機只是想要早點確定有大學資工系可以念，早點解脫學測的限制和束縛。殊不知就這樣一路過關進入全國前四名，可以代表台灣去俄羅斯比賽。這一切的發生，我想達睿絕對是幕後最大推手之一。

回國後我得知精誠資訊舉辦的「YTP少年圖靈計畫」，是團隊程式競賽，我找達睿和另一位同學一起組隊參加。第二階段是合作專案，後期因為某些原因達睿對工作分配有點在意，我傳了訊息給他：「即使只剩我們兩人，應該也撐得住這個專案，而且最重要的是我們很享受過程中研究新事物的樂趣！」最後我們成功晉級第三階段的個人賽，由於達睿已申請上MIT，慷慨地讓出名額，我也在最後勝出，獲得去美國參訪的機會，這點也很感謝達睿。

當我聽說達睿要寫書，很驚喜，但又不會太意外，畢竟達睿就是這麼厲害。當他來找我，請我為他的書寫篇文章時，原本打算坐著等達睿著作出來的我，真的嚇了一跳。以我國文九級分的實力，能有機會讓文字出現在達睿書裡，真的非常榮幸。

一年了，雖然目前我倆身處地球兩端，仍繼續聯絡，以後也會！

附錄 2

他們眼中的何達睿

達睿媽媽——

到底是誰輸不起？

「到底是你們大人輸不起，還是我輸不起？」

這個對話，出現在睿兒高一下資奧國手選拔賽落榜後的下一個月考，他的化學不及格。

對一個實驗高中科學班排名前十的他來說，這是很嚴重的打擊，因為數學、物理、化學，向來是他的強項，他萬萬沒有料想到當他把大部分的精力用在寫程式時，學校的功課會退步百分之二十到三十。

他的導師電話提醒我，睿兒在學校看到這個成績很徬徨失措，我有些擔心他會受不了這個打擊，或甚至因無法處理而情緒崩潰。因為想起導師分享以前有過同學想要拚國手，結果沒選上國手、功課也搞砸了，最後沒上理想的大學。老師們都覺得是因為這位同學受到國手落選的打擊太大，無法恢復，因此要我觀察，避免睿兒重蹈覆轍。

回家後，我企圖拉回睿兒想全力拚資奧國手的決定：「如果真的沒辦法兼顧程式比賽與學校功課，那要不要放棄程式比賽這個夢想，回到我們都熟悉的學校功課？畢竟，那個夢想，不是我們熟悉的路！」

他眼眶含著淚水、語氣顫抖但堅定地告訴我：「到底是你們大人輸不起？還是我輸不起？我是一定要比程式的，我一定要成為國手，代表台灣去比國際賽，而且拿下好成績。不要老是拿學長的失敗經驗來打擊我，為什麼你們在我還沒嘗試之前就覺得我會輸？我也有可能贏啊？

「沒有去試，就不可能贏，我就算賭輸了，但我認真追求過我的夢想，我對得起我的人生。就算輸了，資奧國手選拔（七月）之後，我還有半年的時間可以努力學校功課以面對學測（隔年一月），還有一年的時間可以準備指考（隔年七月）。若這兩次都考不好，就算重考一年我也沒關係。」

當下，我被震懾了，不到一分鐘的對話，猶如當頭棒喝。其實當他講這句話時，我已經無法分辨到底是我輸不起還是他輸不起，雖然我口中始終說的都是怕他受不了失敗的後果。但是，從這段對話中，我知道他是認真的，而且他規畫過、充分思考過，因為他連失敗後的路都能接受，而且想好處理的方法。於是我從觀望的態度轉為積極支持他。

為什麼是觀望？因為我自認我這麼資質平凡的人，怎麼可能有個兒子登上世界舞台的顛峰？我能做的就是他夢碎、夢醒之後扶著他。但經過睿兒的故事，我有些反省，也想分享給有需要的父母。

從睿兒二〇一六年八月底拿到金牌、十二月中申請上ＭＩＴ後，他突然從沒沒無聞的 nobody 變成在學校小有名氣的 somebody，也開始輾轉有人問我，如何教育出這樣的小孩？我自認不是付出很多時間在小孩身上的媽媽，因為我在新竹科學園區工作，下班後還要處理三個小孩的各種生活所需，忙碌的狀況可想而知。我僅能就我常被問的問題，或我認為關鍵的決定做分享，我們的經驗不見得是唯一成功的路，只是眾多成功的路之一。

Q1：達睿從小就資質很好？

達睿數學不錯且領悟力很強，但學校總成績普通。

記得幼稚園中班時，他一直問我：「媽媽，你幾歲？」我心想：「我怎能讓你知道我幾歲，你這個年紀，什麼話都到處講，不知拿捏輕重……但又不能含糊地回答我不知道……」於是我回答他：「媽媽今年八歲。」

之後約莫過了三天，他放學回家時生氣地哭著跟我說：「媽媽你騙我，你怎麼可能八歲！因為我五歲，這樣表示你是三歲生我的，三歲不可能生小孩！」我回答：「好棒！你發現這個答案是錯的，是誰告訴你的？……是你自己發現的？太好了，永遠不要輕易相信別人給你的結論，你要有自己的判斷！」

後來，我在他弟弟中班時，也跟弟弟說我八歲，但弟弟沒發現這個答案邏輯上有問題，弟弟對數學的興趣不像哥哥這麼強，但弟弟的強項在其他地方。

睿兒在小學二年級時，有一次告訴我他解開了代課老師說的數學難題，所以老師請全班吃點心。那個難題是這樣的：

米店的老闆認為每次客人要來買米就秤重一次，很麻煩，於是老闆想到了一個好方法，就是把米分成十種重量，這樣客人買一千公斤以內的米就可以任意組合不用重秤，請問這十種重量分別是什麼？

答案是「2的0次方（＝1）到2的9次方（＝512）」，我很驚訝，他怎麼算出來的？他把推論的過程告訴我，說他曾經在某本書上看過，他覺得很有趣，就記下來了。我當時心想，真是運氣好，因為連我也解不出來。

睿兒二年級時，導師劉欣茹女士告訴我：「你兒子應該是資優生，因為這兩年來，他數學幾乎每次都考一百分。但是，目前新竹縣的資優教育環境沒有新竹市完善，你們參考看看。」

這是第一次有別人說睿兒是資優生，我們半信半疑，因為他在學校班上大約排名第五，這和我認知的資優生有很大的差距。此外，睿兒之前參加過新竹縣資優生考試，並未入選。

但我們決定試試看，於是舉家搬到新竹市。後來，睿兒依序考上光華國中數理資優班以及科學園區實驗中學科學班，亦即如劉老師所說的，睿兒進入了新竹市的資優教育環境，得到很多幫助。我們很感謝劉老師有伯樂之眼，也很感謝在新竹市有這樣的資優環境。

老實說，我從來沒想過睿兒會當上資訊競賽國手、拿到資奧世界金牌，以及申請到MIT。這個結果其實是很多因素造成的，很難說哪個最重要。

Q2：達睿有沒有補習學校課業？

沒有，但用其他的方法加強。上了國中之後，大部分的資優班同學會參加課後補習，我們也問過睿兒要不要去補習。我們猶豫，他也很猶豫，因為他不太喜歡學校制式的功課，成績也還可以，我們亦沒有要他只針對學校課業卯足全力，因此當時要不要再多花精力在學校課業上，我們有點難判斷。

但如果能知道同學們去補習班補些什麼，而且補的東西若他都會，那他就不用去補習了。他來問我：「但是要如何知道補習班補什麼？」我說：「去問有補習的同學啊。但是可能要對他們有幫助，同學才會願意告訴你。」後來睿兒自己想出一個方法，就是：他跟同學說可以幫他們解答補習班作業解不出來的問題。

這真是一個好方法，但是如果同學解不出來，他怎麼確定自己能解出來？他說：「能解出來，就表示我不用去補習；若解不出來，就表示我也要去補習。」後來，他發現大部分都能解出來，解不出來的，課後問學校老師即可。所以最後他決定不去補習。

不需要補習，背後還是有條件的，睿兒說他上課很認真，而且一定保證聽懂、融會貫通，若不懂，就找老師問到懂。

Q3：有沒有叛逆期？

當然有，大約在國二到國三的時期，這個寫太多可能會影響親子關係。總之，父母要有忍耐與盼望，此時，看書或是聽演講，參考專家的建議是有幫助的。

分享一個「忍耐」的經驗。睿兒有個小他七歲的弟弟，所以睿兒國中時，弟弟是大班、小一的年紀。這個時候的他，特別看不慣我照顧弟弟的方式，老是愛跟我計較我比較疼弟弟，比較不疼他。

還好，有次聽演講提到：「家有叛逆的青少年，別想跟他講道理，只會更硬碰硬，千萬不能溝通到吵起來。就算父母是對的，也不能得理不饒人，不能期待跟他講完道理，他會痛哭流涕跟父母說：我錯了，謝謝你們，我會改正。這種只有在電視劇上會出現。」

於是，我轉用其他方法跟他溝通，例如：「我記得你在這個年紀時，我對待你的好，更勝於弟弟。」他回答：「是嗎？我記憶力這麼好，我怎麼不記得，明明就沒有！」咦，沒效？再用另一個方法，我說：「那這樣吧，逝者已矣，無法驗證，那我們現在開始記錄你十三歲，我怎麼對待你，等到弟弟也十三歲時，我們再來比對，到底我對誰比較好。」

後來他真的認真記錄。等到弟弟十三歲，他已經二十歲，他的人生經驗和階段已經不一樣，氣量與看法也會不一樣了。這些往事，就是茶餘飯後聊天用的話題了。這就是忍耐。

另外一例，時任國中班長的他，會非常準時地在上課鈴聲結束前的一秒鐘才出現在班上，做班長該做的事。導師因為這樣的事跟我反應，希望他能早一點到校、早一點在上課開始前幫忙維持秩序，這樣老師來了，才能準時開始上課。老師講得很有道理，但是問了睿兒，他答：「為什麼要早一點到？學校設計下課的時間，就是要讓同學在下課時盡情放鬆，這樣上課才能專心！」也很有道理。

我只好到學校跟導師溝通，解釋這個孩子應該是處於叛逆期，不知何時才能明白我們的道理，希望老師可以諒解。若因為這樣造成班務的延誤，我想睿兒是可以溝通的；但若沒有，只是單純希望他早點到，他現在聽不進去，希望老師可以給他時間。若老師不同意，因而要換班長，我們尊重老師的決定，我負責來跟睿兒溝通。後來，就在這樣溝通協調的情況下，結束了這個超級準時班長的學期。這也是身為家長的忍耐與盼望。

Q4：如何培養達睿獨立的個性？

因為我們很忙，沒辦法讓他依賴，這是原因之一。

我不鼓勵小孩事事都聽我的話，他要能有自己的觀察和看法，敢於嘗試，然後邊做邊修正。太聽我的話，怎麼有可能超越我的格局?所以，就算叛逆期的意見分歧，反正能錯中學也很棒。「知道怎麼做會錯」和「知道怎麼做會對」都一樣長知識，只要那個失敗我們負擔得起。但也並非說為了不聽父母的話就故意做一些違反道德的事，而是在立意良善的範圍下，我們還是得放手試試。

記得幼稚園中班時，他哭著跟我說：「老師說家是溫暖的避風港，你老是念我這個、罵我那個，根本一點都不溫暖。」這句話點醒我，讓我修正方向，要在愛和鼓勵的範圍下，培養他獨立。

我個人的信念是培養出及早獨立的小孩更勝於乖乖聽父母話的小孩。但，我們從小會陪著他一起克服困難。例如，小學一年級時有一次數學月考，他發現答案不合理，我聽他分析後覺得他說的有道理，於是我跟他說：我來寫一封信給老師，請老師處理。他問我：「為什麼不到學校找老師理論?」我說：「事情處理要有時間和順序，不是第一時間找人理論就能把事情處理到最好。」

我的想法是，當孩子遇到困難，我們用職場上學到的方法教他，帶領著他做。

如果一直把小孩當小孩，他就會一直是小孩；如果提早把他當大人，他就會提早變成大人。

Q5：教育的方法父母都有共識嗎？

睿兒的父親比較講究要有共識，不管是教育小孩還是其他事情。我則覺得有共識當然很好，但若你確信某件事情是對的、非做不可，也不見得非要有共識不可。睿兒在這樣的環境下長大，當他知道父母看法不一樣時，會問我：「你們兩個想法不一樣，那我要聽誰的？」

我會告訴他：「方法有很多種，我們提供我們不同的看法，你也可以綜合以後想出屬於你自己的看法，但後果要想清楚。以後出了社會，你就會知道，不可能討好所有的人；只要有志同道合的人認同你、一起做事即可。但你也還是要學會跟不認同你的人相處，學會立場堅定而態度委婉。」

Q6：達睿的成績會不會對妹妹與弟弟造成壓力？

要說沒有是不可能的。但壓力不是來自哥哥到目前為止有很好的成就，而是他展現的努力和毅力。「哥哥有自己的夢想，而且非常努力實現夢想。」這是妹妹和弟弟看到的。小他二歲的妹妹，國三時沒有考上心目中最理想的學校，崩潰地哭著：「我就是不如哥哥，哥哥做什麼都成功，我就是做什麼失敗什麼……」

睿兒跟我說：「妹妹在青春期，等她情緒過了我會跟她談談，媽媽你不用擔心。」真好，睿兒還記得我們怎麼陪伴他的青春期，過來人講話比我們父母有立場。後來，妹妹才發現哥哥不只努力，而且做事情有規畫、方法和技巧。我們也一直提醒他們，每個人的恩賜不同，但要努力尋找自己的恩賜和夢想。

其實睿兒的成就對我自己來說也是壓力，相形之下，我也是沒有夢想的人。

Q7：達睿小時候曾學圍棋，圍棋有沒有幫助？

睿兒從大班開始學圍棋，一直到國一，是業餘五段。他說圍棋給他的幫助是：

靜下心來、全盤考慮、事情都要想三步以後，而且要考慮對手可能的棋路。這個對他後來參加資訊賽很有幫助。此外，他經歷過三個圍棋老師，了解不同老師教法和觀點各不相同，這點體悟也影響很大。

講到圍棋，我的觀察是：小孩的個性還是天生的，而且個性的影響很大。睿兒學圍棋時，他很想知道高手是怎麼下棋的，所以很熱中比賽以提高棋藝。

Q8：會不會擔心小孩過得太順遂？

在我們眼裡，睿兒其實不能算一路順遂。小二時考資優生沒考上，小四以前，班上排名大約第五；比圍棋常輸，比賽鋼琴，也沒彈完。參加數學奧林匹亞競賽，前段就被刷下來，高中班上功課也不能算非常好。但他在寫程式上特別用心。

甚至有次我發現他請假的理由是那天實驗高中要頒獎給段考成績優異的幾位同學，但不包含他，所以他不想上學。因為當時把賭注壓在寫程式的他，學校功課退步很多，每次段考成績對他來說都是打擊。

他在國中與高中時，班上同學中都有一個學業高手，幾乎每次考試都是全校排名第一，畢業時這兩位也是全校第一名。我問過他：你有沒有研究過他們讀書的方法和你哪裡不一樣？

睿兒回答：「我覺得以我花在課業上的時間，拿到這個成績我已經很滿意，我不知道我還有沒有更好的方法可以拿到全校第一，但那不是我人生想做的。我能挪出很多時間來寫程式，這是我人生想做的。」

Q9：頭腦這麼好，那生活能力好嗎？具備處理人際關係和壓力的能力嗎？

就我的觀察，他的生活能力應該在同齡小孩的平均水準之上，但還是有一般小孩會有的問題，例如不愛整理房間等。我們有特別關心注意他的人際關係，尤其是他為了在家練習寫程式，在學校上課時間大幅減少，我們也擔心他因此疏忽與同學間的關係。但後來發現我們是多慮了，他會在學校教學弟寫程式、主辦畢業旅行、高三自願當班長服務同學、規畫和同學去日本自由行……

至於處理壓力，自從他開始參加程式競賽之後，他的耐壓力就訓練得比一般人高，可以同時處理很多事情且心平氣和。

Q10：他人生中是否曾遇到重要的貴人？對他的影響是什麼？

他的人生不同時期有不同貴人，一位是前述竹北博愛國小的導師劉欣茹老師。到了光華國中時，因為資訊課啟蒙了他的興趣，在NPSC得獎，增添他在寫程式上的信心，時任校長的張峰旗先生曾特別給睿兒鼓勵。

到了實驗高中，如書中所述，雙語部學長陳伯恩的故事大大地激勵了他。導師林淑真老師看出他的特質，比父母更早支持他投入拚資奧，睿兒常提起這點。另外，資訊中心蔡明原主任幫忙找到很多資訊比賽的訊息以及溝通學校的辦法，讓同學可以安心比賽。此外，由於參加台大的資訊營隊，讓他認識台灣程式比賽的高手，他們如何訓練自己的體力與智力，都很有幫助。

申請MIT寫自傳時，我們找了教會的輔導，也是清大退休的林強長老夫婦幫忙給予意見。到了要和ＭＩＴ面試前，睿兒需要找人做英文面試練習，問我能否幫忙，於是我拜託公司的副總，同時也是ＭＩＴ畢業的蔡能賢博士幫忙，副總慷慨答應，用英文和睿兒面試了一個小時。

一路以來，我們遇到困難，總是能得到身邊人不吝嗇的幫忙，摸著石頭過河跌跌撞撞走到現在。此處無法一一贅述，但我們一直感激在心。我想，這某種程度也說明了睿兒為何樂於教學弟寫程式、寫書分享他的經驗給需要的人，希望能夠給別人幫助。

七月底，炎炎夏日，睿兒跟我在百貨公司門口看到一個三歲小孩追逐著吹氣泡泡開心地奔跑，我們兩個同時駐足觀望良久。我問他：「你看什麼？」他看我一眼，會心一笑，望著湛藍天空回答我：「我已經忘記上一次為這麼簡單的事這麼開心是多久以前了。明確地說，我上了ＭＩＴ也沒這麼開心，人生怎麼越走越難開心？上了ＭＩＴ讓我如釋重負，卻也是一個不可知的未來與挑戰。」

我知道他長大了，十八歲的他想的跟我差不多。再過十天，他就要到地球的另一端就學了，我幾乎已經無法再幫助他什麼，他身邊有很多高手和有經驗的人，都是超越我能想像的。

我告訴他：「我們只能送你到門口了，進了這個門，你會遇到很多比爸媽更厲害的人。爸媽希望你廣結善緣，遇到下一個人生的貴人，我們只能在家鄉為你禱告。」

感謝上天，讓我有機會陪著睿兒這樣的小孩長大。如果能夠再來一次，我有很多地方可以做得更好，但我們都是因為生了小孩才學會當父母的，因著母愛與親情，彼此包容，一路走到這裡。與其說我們培養他什麼，更明確的應該是，睿兒自己的努力與毅力成就目前的他，包含他決定出書分享他的經驗，希望能給一些人幫助。

達睿爸爸——

陪伴比我優秀的兒子一起成長

達睿的想法和實踐在書中已說得很清楚，我想談一些父母和小孩共同成長時的一、二事和感想，尤其我指導的是一個遠比我聰明的兒子做我不懂的事。

無心插柳

十二年前，手機、平板還不那麼發達，電腦是上網最方便的工具，也是數位資料產生及保存的工具。那時電腦壞了就得找原廠處理，很少有人自組電腦。我因為家裡一台老電腦的反覆維修，開始試著自己組裝電腦，此後家裡電腦的組裝更新就都自己動手。

達睿對此非常感興趣，我做的每一次組裝更動都在旁觀看、問問題，對家中每一台電腦都知之甚詳。每當家裡電腦有問題或要提升效能，我就叫達睿去解決或採買零件。當然，我們不是每個問題都能解決，除了硬體之外，軟體也是常見的問題……後來都是達睿上網爬文尋找答案。最後家人硬體和網路的問題都直接問他，不再問我。他解決問題的範圍越來越廣，知識也越來越多。

於是在達睿國小升國中時，我讓他自行組一台高規格的電腦，達睿在這台電腦上面寫程式、玩電玩、解數學……達睿接觸程式後，更多是裝虛擬主機、不同linux……千奇百怪的事都在上面試過、玩過。達睿電腦硬軟體一定掛掉很多次，但至今這台電腦還可正常使用。維修組裝電腦讓他自學對軟體、硬體及網路近乎ＩＴ人員的知識基礎，如今這電腦還是達睿資料中心，保存著達睿一路走來的故事。唯一不同的是，它的主人在美國波士頓遠端遙控它。

一般教育中，師生都習慣於單方面傳授知識。但達睿在解決電腦問題的過程中，卻必須自己尋找資料、理解資料，之後運用知識解決問題。這樣的自學以及問題解決的經驗，使得他在後來的學習中跳出傳統學科的限定範圍，也能面對像國際奧林匹亞競賽這樣沒有限定範圍的挑戰。

電玩遊戲

電玩是達睿自小的一個娛樂，他的最愛是「跑跑卡丁車」，他甚至玩到成為愛好者組織的區域幹部。小學時，身為家長當然擔心他會因此荒廢功課，但是現在學生國小就要利用電腦做作業、上網查資料，更別說和同學朋友聯絡也都透過電腦，因此為了電玩而限制他使用電腦，不在我的選項中。

然而達睿對電腦越熟悉，他在電腦上可以做的事越多：他可以透過網站和世界各地的圍棋愛好者下棋、利用電腦軟體去做很有趣的事、國小用 Scratch 程式語言來解答困難的數學、高中甚至在實驗中學科學班和清大教授一起寫人工智慧運用，以及寫程式與人交流圍棋……

對達睿而言，後來比電玩有趣的東西多太多了，他要玩電玩，還得特地排出時間來。正如前美國總統歐巴馬說過：「如果你愛玩電玩，那就去寫個電玩！」（Don't just buy a new video game, make one!）是天分也是幸運，達睿和許多寫程式的同好很早就都領略到這點。

想要「有挑戰性、與眾不同、有趣」

達睿國小時不斷地嘗試各種可能，進了國中，他除了自己的興趣外，花了不少時間在額外的課程、學科外的各種比賽及科學展覽。達睿因此自行減少了玩跑跑卡丁車的時間和鋼琴的學習，不過這一年他還是將圍棋推進到五段。

這期間他還發展了一個小嗜好——4X4的魔術方塊。4X4的解法他早就了然於心，所以他隨身帶著魔術方塊，一方面解悶，二方面魔術方塊隨意轉幾下就是一個新局，享受破解的快感。當他已經熟練到平均一分多鐘解一局時，他想繼續挑戰5X5，最後因時間有限而停在此階段。達睿對新奇事物的探索及投入由此可見。

國一升國二的暑假，有一次和達睿聊到升學的問題，他告訴我他的國一生活不快樂，他覺得只念書的生活並不是他想做的。我問他想做什麼，他也無法明確指出，但是他想要「有挑戰性，與眾不同，還要覺得有趣」。我們當下沒能討論出答案，但這件事我一直記在心上。

達睿升高中遇上十二年國教第一年，適材適性是教育部的目標，當時的口號是「成績不是評量學生的唯一標準」，全國家長都感覺焦慮、無所適從，各種才藝加分的新聞或小道消息成為關注焦點，真假難分。才藝補習班因而爆滿，學生花時間學習各種才藝的同時，課業也無法放鬆。

如達睿書中所述，當時我們正好看到一篇全國基測榜首因為資訊比賽得名、分數超越總分的新聞，當下我們都知道這就是我們要設定的目標，因為：有挑戰性（全國性競賽）、與眾不同（當時能在比賽奪冠的新竹國中隊伍很少）、有趣（可以在電腦軟硬體之外更加深廣度）。

這又是達睿對人生的另一個嘗試，興趣滿滿，卻未必成功。身為家長還是擔心十二年國教的決策會不會出現髮夾彎，就用商量的口吻對達睿說：「考試還是要看一下書，不要前三名，只求第十名就好了。」感謝光華國中老師的容忍和校長的支持，讓他在國中畢業前拿到NPSC的第一名，也如願進入竹科實驗中學科學班。達睿國中畢業典禮時，一臉滿足地跟我說：「國中沒白過。」這樣的取捨，達睿在高二又再來一次，而這次完全是他自發性、過程也更加戲劇化。

成功率低於二分之一的選擇

達睿從朋友、學長處得知許多前例：放棄學業，你不一定能得到獎牌；但是若不放棄學業，那你肯定沒機會。所以學校老師都會為他擔心，因為那是成功率低於二分之一的選擇。然而，在這人生的當下，達睿選擇捍衛了夢想，敢放棄世俗的價值觀，也不理會別人的反對。

這個選擇會面臨很嚴峻的狀況，因為若達睿沒有選上國手或得牌，科學班的課程設計會在資奧結果出來前就把課教完。他之後得一邊應付科學班的大學課程，一邊自學以追上先前的課程。

有時走過他的房間，看他呆坐在書桌邊，一旁有從小到大參加不同項目比賽得到的獎盃。我心想，一個從小多才多藝的孩子，興趣在人生旅程中一件一件被放棄。熱愛多元生活、充滿企圖心，這不是所有人想要的生活嗎？但在現行體制下，孩子得到的卻不是越來越多的可能，反而最後連他的最愛也要放棄割捨？

但身為家長，我不否認對低於二分之一的成功機率感到遲疑，以達睿高一參加NPSC的排名水準，到資奧金牌這條路距離還很長遠。每年TOI精挑出四位國手出國比賽資訊奧林匹亞，那有多少人落選呢？近千人。看這些優秀的孩子，每一個落選後在網誌、社群媒體都自嘲著說：「自己離那境界太遠，我還是趕快去準備學測吧！」而我只希望一年後，達睿不會在FB上寫下同樣的話。

所以我猶豫了，不確定是否應該同意達睿用一年的時間全心去拚資奧。我同時思考其他可能擠出時間的方法，以及我可以提供何種協助以得到相同的結果。例如：轉到普通班、打入他校資訊社以得到「口耳相傳」的比賽知識……

但達睿否決了這一切。

這否決除了被挫折激出的勇氣，還有他想更進一步進入MIT的企圖心。

給孩子選擇及支持

人對事情的興趣來自身良好感覺，但良好感覺需要比較，有良好感覺前通常需要一段痛苦的學習。假如你覺得自己或孩子有過許多失敗的嘗試，其實達睿也一樣：我希望他每天背十個英文單字，他沒興趣；請他加強化學，結果就是不如人意。達睿幸運的是，他痛苦學習的時期不長，很快就知道自己有沒有興趣。

支持小孩除了給他機會嘗試，可能的話，可以對該學科、才藝盡量了解，協助他排除困難，幫助他做「困難的決定」，因為父母是資源分配者。感興趣的事物一旦領進門，孩子通常就可自己搞定。

我無法否認肥沃的土地容易長出甜美的果實，因此我對弱勢家庭深感同情，維持基本家計已經很難，要有不同選擇更是難上加難。翻轉、回饋最容易的方式是經由教育去突破，假如台灣的教育可以多樣化到讓弱勢學生也能根據自己的天分和喜好有所選擇，讓他們可以逐漸走上專業，那麼或許台灣的人才問題和弱勢家庭經濟都可以獲得緩解。

夢想之地

達睿ＭＩＴ開學時，我陪他同行。當我和達睿第一次走進ＭＩＴ校園時，他高興地說：「我終於到了夢想之地！」

我和達睿聊大學有何計畫？他說想拿雙學位。資訊科學是首要，那另一個呢？他說他還沒決定，但是可能在生化、經濟和數學中選擇。

我問他準備怎麼達成？他微笑說ＭＩＴ有彈性的免修制度，開學前他就抵免了微積分一，另外還申請了免修考試，把微積分二、物理一和二都考過了。一些資訊課也可考免修，其他科目也準備如法泡製。原來ＭＩＴ一年級的課不會打分數，只有「過與不過」（pass or not pass）。目的在鼓勵學生修習非本系的課。你可以上生物，如果學得快，可以辦免修或旁聽更高級的課（再免修拿學分）。達睿很清楚自己未來要進大資訊公司應該不難，所以他在找尋另外有趣的目標。

他未來會走哪一條路，我不知道也無法掌控，因為人是會變的。他如今在夢想之地可以做想做的事，而且有系統、制度和老師支持他。就算有一天他跟我說，他不搞資訊工程也不念研究所，要到非洲偏遠地區教小孩。我也會百分之百支持他，因為我知道這是他從許多喜愛中做的選擇，不是被強迫二選一的結果，這對我來說已經足夠。

高中導師林淑真——遇見一位勇敢的孩子

執教鞭二十九年，每年都能遇見幾位令我驚豔的學生，有些是天才，會在課堂上激盪出火花；有些貼心細膩，會在疲憊的心靈中給我溫暖及力量；有些張牙舞爪，會給我更多自我磨練的機會。而達睿是走過我生命的學生中，讓我看見「勇敢」的孩子。

第一次接觸

決定接下科學班的導師這個任務時，心中忐忑不安，這群頂尖的學生將是我退休前的「閉門弟子」，期待跟他們擦出耀眼的火花，但又怕受傷害。別以為身經百戰的老師面對每一個新學生都可以處之泰然，我們其實一直在接受挑戰，也一直在學習。

開學不久，一次和班上一位個性火爆的學生因使用手機的事大動怒。放學時，達睿到辦公室交作業時跟我說：「老師，我今天有看到你和某某同學的爭執，我和班上幾位同學覺得某某的態度不好，我們決定第一次段考用成績讓他不再囂張。」我笑了，這位同學也太可愛了。

第一次TOI

達睿高一的TOI沒有進入第二階段，對他是不小的打擊，之後的他只想趕緊迎頭趕上。他在選訓營發現別人都是考上科學班之後，便利用四月到八月這五個月加強寫程式的能力，而他卻浪費了這段寶貴的時間。他想要爭取——更多、更多、更多的時間。

二〇一五年四月校外教學的回程上，同學們在遊覽車上睡得東倒西歪，他突然走到我身旁坐下來說要和我談談，他問我既然他已經決定要往資訊的領域發展，為什麼還要上音樂、美術這些課程？我告訴他，學校教育不是希望他的未來只是在資訊專業上很強，但卻是個沒有文化的人，音樂美術的陶冶及素養更需要在他的這個階段建立，未來工作就很難再去涉及這方面了。我希望他將來去美術館或聽音樂會的時候，是懂得如何欣賞的，所以堅持他不該捨棄音樂或美術的課程。

學校的態度

實驗中學在行政大樓一進門的兩旁設立兩面實中之光的榮譽榜牆，上面有很多優秀學生的競賽成果，當然包含奧匹競賽。學校鼓勵學生多去參加競賽，與外校的學生多交流切磋，挑戰自我的極限。那兩面牆就是要給學生們一個目標、一個榜樣。曾經有學生告訴我，第一天進實驗中學就看見了那面牆，他告訴自己，三年後上面也要有自己的名字。拚了三年的奧匹，雖然沒能如願當上國手，但是他不後悔，覺得很值得，因為他學到的更多。

高一落選的達睿當時一直不能理解，學校為什麼不能在他確定要拚資奧之後，就給予許多的彈性，例如讓他多請一些公假來練習寫程式，少考一些平時考，成績部分可以更有彈性（畢竟他要申請MIT，還是得顧及成績）。如果一個學生對老師說他想拚奧匹競賽，但是會常缺課、少考試，通常老師們會支持他的決定，但學生還是得自行承擔成績受到的影響，請假也須符合學校的規定。另外，實中也提供績優免修制度，讓學生在學習時間的規畫上有更多彈性。

決定支持的理由

達睿最初在週記裡陳述TOI未能進入二階的心情，也希望能繼續往這條路前進，但是父母親當時並未支持他拚資奧，他心裡很難過，因此我找時間跟他長談，後來我決定支持他並協助他說服父母的原因有二：

一、他願意接受我的建議，在暑假先自學拚免修，加上公假及事假，這樣他就有足夠時間練習程式又不違反學校規定。

二、他已做好評估，並想好最壞結果的後續規畫：他分析了第一次落敗的原因，也分析了未來一年實力相當的對手，他對自己有相當把握。如果高二還無法當上國手，他會利用高三半年的時間全力拚學測。

以我對他資質及能力的了解，我相信他很有機會，就算最後得用半年拚學測也沒什麼問題。他的眼睛閃亮、語氣堅定，而他也評估過退路，並非盲目地只想亂衝。我想我非支持他不可，否則我會讓他失去發光發熱、成為耀眼之星的機會。

一步一腳印

我想在書中，讀者可以很清楚了解達睿如何安排時間並擬定自我訓練的時程。高一未能選上國手讓他受到打擊，但這未嘗不是一件好事。我認為飛得太快或一帆風順反而會欠缺面對更艱難處境時的勇氣。奧匹的路上，有些學生一開始只是有點興趣，卻一路過關斬將就往奧匹的路上去了；有些學生雖有雄心壯志，但幾次敗下陣來就放棄了。

達睿的挫折讓他更加強自己的心理素質，更積極去訓練自己。這一路走來，看他在凌晨參加俄羅斯的線上程式競賽，令我不得不佩服他的毅力，這種毅力實非一般年輕人所能堅持。他勇敢面對自己的挫敗，繼續去挑戰，有計畫、有目標、一步一腳印去完成他的夢想。

高二下學期末，達睿雖選上國手，但尚未參加資奧競賽，我們選高三上學期的幹部時，達睿自願擔任班長，我想他是認為自己奪牌後沒有升學壓力，可以服務班上，讓同學專心準備學測。他的決定表示對奪金胸有成竹，也是破釜沉舟吧！

在ＩＯＩ奪金之後，達睿主動希望利用一節課跟學弟妹們分享他的經驗，並鼓勵他們勇敢嘗試競賽。之後達睿還義務指導幾位對資奧有興趣的科學班學弟寫程式，後來得知學弟們入選ＴＯＩ選訓營時尤其開心。我很欣賞他的回饋精神，在享受光環的同時，也想到照顧其他有需要的人。寫書，是另一種更大的分享。

達睿一路走來，旁人看來一帆風順，但實際上他非常努力，在遭遇失敗後勇敢再站起來。期待他的故事激勵更多年輕人勇敢追夢，也期待他未來創造更多精采的故事與我們分享。

資訊室主任蔡明原——「毫不費力」背後的過人努力

我在達睿國二時認識他，那是他第一次參加台大網際網路程式設計競賽（NPSC國中組），我則是帶實驗中學的隊伍參賽。

達睿給我的第一印象有點冷冷的，不太多話，不過有數理天分的學生多半這樣，需要多花點時間才比較放得開。但達睿社交能力不錯，他能清楚表達自己要什麼，執行力也高。老實說，拚資奧國手這條路非常險峻，因為一年只有四個國手名額。

實驗中學升學率很好，但師長對於學生的選擇並不全以升學率來考量，也會了解學生的性向及想法。即使如此，達睿選擇全力拚資奧的做法的確較激進，過去沒有前例，因此習慣保守做法的老師們會為他捏把冷汗，擔心他最後兩頭落空。

一般拚國際奧林匹亞競賽，多半是高三學生在二月學測完才開始全力衝刺，這樣較保險。但達睿硬是比別人提早一年多。而畢竟資訊科學目前不是升學科目，對一般學科的老師和家長來說比較陌生，疑慮和擔心會比較多。

高中科學班的學生被要求要在兩年內念完三年高中課程，升高三的暑假參加資格考試，第三年開始修大學的微積分、物理化學等學科。以前實驗中學只有物理、化學、數學奧林匹亞比賽得名的學生可不用參加升高三的資格考，現在新增了規則，資訊奧匹得名的選手也可以免資格考，就是因為達睿的關係。

我非常佩服達睿對程式設計競賽所需要的演算法及資料結構的資訊蒐集能力，經常上網找各種國內外的資源及培訓資料，然後自己或帶領學弟妹參加國內外線上網路競技或正式程式解題比賽。參加ＩＯＩ前，也會在網路上到處蒐集別國選手怎麼培訓、找考古題來寫，找到很多寶貴的線上解題系統。

另一個讓我印象深刻的是，達睿對時間的掌握非常精準，自制力也很強。在和學弟分享經驗時，他拿著課表清楚算出自己高二要上的課和可以免修的課，規畫每天上課和睡覺時間的分配，還要求自己保持一定的運動量訓練體能，然後徹底執行。他還注意到鍵盤不同造成的打字速度差異，因為他的建議，現在我會先幫同學們準備好和選訓營一樣的外接鍵盤，這樣模擬賽時可以減少熟悉新鍵盤的時間，並降低按錯的失誤。

二年下來，我看到達睿學會了：「成功不是跟別人比較而來，而是讓自己有所成長。」更可貴的是，達睿願意把自己的經驗傳承下去。拚資奧的同時，也與校內其他同學創立資訊研究社，這二、三年下來，資訊社已成為實中熱門的大社團，有多個學弟循達睿的指導進入資奧選訓營，甚至最後和達睿一樣成為國手。

最後，我想特別強調，旁人看達睿現在的成績，可能覺得他本身很有天分或是很幸運有人協助。但我希望藉由這本書，大家能看到他為了完成夢想，在身邊親友師長保守的傳統壓力下，保持好的求知求學態度所做出的無限努力。因為達睿非常努力，才能看來毫不費力。

另一方面，也希望讀者不要以完全複製達睿的道路為目標，而是學習達睿的精神跟堅持，然後努力達成自己設定的夢想目標。記得，也要把努力經驗再傳遞出去，啟發更多人去追夢，或是幫助身邊的人圓夢。（訪問／林怡君，整理／王慧雲）